미디어를
요리하라

미디어를
요리하라

스포츠맨을 위한
40가지 인터뷰 매뉴얼
_삼성언론재단 총서

초판1쇄 인쇄 2012년 4월 20일
초판1쇄 발행 2012년 4월 25일

지은이 유임하 · 허진석
펴낸이 이영선
펴낸곳 서해문집
이 사 강영선
주 간 김선정
편집장 김문정
편 집 허 승 임경훈 김종훈 김경란 정지원
디자인 오성희 당승근 안희정
마케팅 김일신 이호석 이주리
관 리 박정래 손미경

출판등록 1989년 3월 16일 (제406-2005-000047호)
주 소 경기도 파주시 교하읍 문발리 파주출판도시 498-7
전 화 (031)955-7470 | **팩스** (031)955-7469
홈페이지 www.booksea.co.kr | **이메일** shmj21@hanmail.net

ISBN 978-89-7483-522-4 93300
이 도서의 국립중앙도서관 출판시도서목록(CIP)은 e-CIP홈페이지(http://www.nl.go.kr/ecip)와
국가자료공동목록시스템(http://www.nl.go.kr/kolisnet)에서 이용하실 수 있습니다.(CIP제어번호: CIP2012001688)

삼성언론재단 총서는 삼성언론재단 '언론인 저술지원 사업'의 하나로 출간되는 책 시리즈입니다.

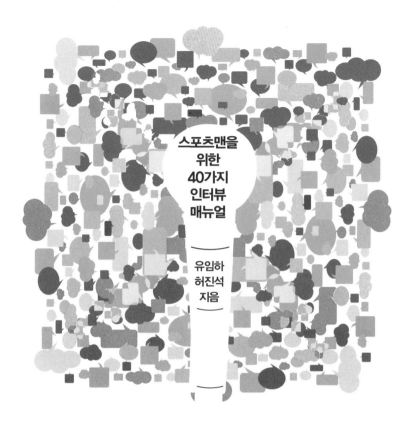

스포츠맨을
위한
40가지
인터뷰
매뉴얼

유임하
허진석
지음

미디어를
요리하라

서해문집

이 책을 쓰게 된 동기는 평소 스포츠 현장에서 접하게 되는 인터뷰 기사, 특히, 운동선수를 인터뷰하는 방식에 아쉬움을 느꼈기 때문이다. 스포츠 기사의 꽃은 인터뷰다. 인터뷰는 인터뷰어기자의 능력에 따라 스포츠 현장의 숨결과 감동을 생생하게 전달할 수도 있고 형식적인 기사가 될 수도 있다. 그러나 단지 인터뷰어의 능력만으로 훌륭한 인터뷰를 할 수는 없다. 준비된 인터뷰이가 없으면 좋은 인터뷰는 불가능하다. 우리 사회는 흔히 운동선수를 '힘세고 머리 나쁜 존재'로 치부하려는 경향이 있다. 드러내놓고 말하지 않더라도 운동선수의 지적 능력을 낮춰 보려 한다.

그러나 스포츠 기자로서 현장에서 만난 스포츠맨, 스포츠와 체육을 연구하는 학자로서 그리고 대학생을 가르치는 교육자로서 소통한 스포츠맨 등 체육인의 지적 수준과 역량은 일반인의 평균치를 크게 넘어선다. 경쟁과 승부라는 극한 현실에 적응해 이를 이겨내고 살아남은 능력은 보편적인 교육을 받고 평범하게 성장한 비체육인과 비교할 수 없을 정도로 강인

하고 정교하다. 특히 대학에서 성장하고 있는 학생 선수는 지극히 총명하고 기술 습득 면에서도 매우 유능한, 우리나라 스포츠의 미래를 걸머진 인재다. 이들이 인터뷰에서 한 말은 스포츠 분야뿐만이 아니라 사회 전체에도 큰 영향을 미칠 것이다.

이들을 좋은 인터뷰이로 성장시키는 일 역시 학교와 미디어가 함께 노력해야 할 일 중의 하나다. 하지만 안타까운 현실은 이를 위한 교재 내지 매뉴얼을 찾기 힘들다는 점이다. 인터뷰이를 위한 정보가 부족하기는 다른 분야에서도 마찬가지다. 인터뷰어를 위한 관련 서적이 대부분이고, 인터뷰이를 위한 매뉴얼은 찾아보기 힘들다. 그러다 보니 운동선수는 대중매체의 속성이나 인터뷰의 가치와 목적 등을 인식하는 수준이 그리 높지 못하다.

스포츠 인재가 자신의 삶에서 성취하려는 것과 국위 선양이라는 사회적 기여를 종합해 볼 때 그들이 인터뷰에 임하는 자세는 지극히 소박한 수준에 그치고 있어 아쉬움을 남긴다. 인터뷰를 하고자 하는 취재진에 대한 막연한 두려움이나 공포는 때에 따라 연민을 느끼게 할 정도다. 또한 대학이나 대한체육회, 각 종목 협회 등 각종 단체는 이들 선수를 단순히 경기 결과에 따라 유명세를 얻는 존재로 인식하고 있을 뿐이다.

하지만 운동선수는 스포츠를 통하여 사회를 결속시킨다는 점, 인간 승리 드라마의 주인공이라는 점 등 그에 부합하는 인격의 향기를 대중에게 감동적으로 전달하는 문화의 아이콘으로 자리매김 되어야만 한다. 스포츠 인재는 오늘날 정보화사회에서 대중의 영웅으로 각광받고 있다. 스포츠 인재는 인터뷰를 통해 유명해진다. 이때, 그들의 인간미와 품격이 형성하는 아우라 역시 이미지로 형성된다. 그런 까닭에 스포츠맨을 단지 취재원으로만 볼 것이 아니라 그들이 인터뷰이로서 대중매체를 통하여 대중의 알 권리를 충족시켜 사회에 기여하도록 해야 한다. 그렇게 하려면 그들의 인간적인 면모와 품격 높은 내면을 드러낼 수 있도록 교육할 자료와 시스템이 있어야 한다.

프로 스포츠가 발달한 지금 스포츠 선수와 지도자는 빈번히 미디어와 인터뷰한다. 현재 고등학교나 대학교에서 장차 프로 선수가 되려거나 프로 스포츠 분야와 관련된 일을 하려는 학생은 인터뷰의 중요성을 인식하고 충분히 대비할 필요가 있다. 불행하게도 한국에서 이들을 위한 교재나 가이드를 발견하기는 매우 어렵다. 경기력을 향상시키기 위한 기술은 상당히 발전한 반면 학생 선수가 교문을 나가면 바로 노출되는 미디어와의 인터뷰에 대비할 수 있도록 지도하는 데는 인색하다는 것이다. 이런 점에서 대학교를 비롯한 교육기관은 이와 관련된 강좌를 늘리고 충분히 교육해야 할 필요가 있다.

이 책은 대학 캠퍼스에서 선후배의 인연을 맺은 두 사람이 힘을 합쳐 썼다. 선배는 문학박사이자 문학평론가로서, 스포츠 관련 학과 중심의 국립대학에서 교양학부 교수로서 제자를 가르치고 있다. 대학 재학 중 등단해 평생 시를 쓰며 살기로 결심한 후배는 생계 수단으로 잠시 거쳐 가려던 신문사에서 젊음을 다 보냈고, 스포츠 부장으로 일하기도 했다. 두 사람은 스포츠맨을 위한 인터뷰 매뉴얼의 필요성에 공감했고, 특히 스포츠 특기생을 비롯한 학생 스포츠맨을 위한 책이 필요하다는 데 의견을 일치했다. 따라서 이 책은 스포츠 현장과 상아탑이라는, 이질적으로 보이지만 근본적으로 일치할 수밖에 없는 두 지점에서 동시에 출발하고 있다. 선후배 사이에 믿음과 사랑이 있었기에 공동 작업의 장애물을 아주 쉽게 넘어설 수 있었다. 해외 텍스트를 번역하는 데에 허영균 선생_{성균관대학교 대학원}의 노고도 적지 않았음을 밝혀둔다.

　이 매뉴얼은 결코 완벽하지 않다. 더 우수한 매뉴얼의 등장을 기다리며 이를 위한 하나의 과정으로 받아들여지기를 기대할 뿐이다. 이 책의 발간을 지원해준 삼성언론재단, 편집과 제작을 맡은 서해문집에 감사한다.

2012년 4월, 유임하 · 허진석

contents

인터뷰란
무엇인가

인터뷰가 뭔지
모르는 사람이 어디
있어?

01

오늘날 정보는 시대와 국경을 초월하는데 그 중요성은 강조해도 더이상 놀랍지 않다. 나관중의 《삼국지연의》에 등장하는 가장 출중한 인물의 한 사람인 제갈공명에서부터 임진왜란 때 국가를 누란의 위기에서 건져낸 이순신 장군에 이르기까지 '정보'는 전쟁에서 승리와 직결되는 중요한 요소였다. 두 사람의 공통점은 적국보다 훨씬 뛰어난 정보를 장악한 데 있었다. 제갈공명은 적벽대전에서 바람의 방향을 미리 예측하여 화공으로 조조의 엄청난 선단船團을 물리칠 수 있었다. 이순신 장군 또한 다도해라는 서남해안의 특성으로 생겨난 급한 조류와 많은 섬으로 된 바다 지형을 십분 활용하여 일본 수군을 연속해서 이길 수 있었다. 이들은 일찍이 정보의 중요성을 깨닫고 이를 전투에 요긴하게 활용하여 승리를 이끌어냈다.

　사회적 관계에서 정보는 사소한 것조차 값진 역할을 한다. 그녀가 나를 사랑하는지 아닌지, 남자 친구와 결혼을 해도 좋은지, 회사는 나를 채용할 것인지 아닌지, 나날이 흘러나오는 뉴스에서 진로와 직결된 소식이 있는지

등등 모든 것이 모두 값진 정보가 아니던가. 홍수처럼 넘쳐나는 '정보 스모그'의 현실에서 내게 필요한 정보를 찾아내는 안목이 필요하다. 또, 내게 닥친 어려운 상황을 헤쳐나갈 대비책도 정보를 현명하게 활용하여 얻을 수 있다.

정보를 수집하거나 추출하는 전통적인 방법 가운데 가장 대표적인 것으로 인터뷰를 꼽을 수 있다. 인터뷰는 직접 대면을 전제로 한다. 여러 가지 상황을 가정할 수 있으나 인터뷰에서 스포츠맨에게는 경기에 대한 전문가적 인식보다는 우승하기까지의 자기 관리나 경기에 임한 자세, 경기 결과에 대한 입장 등을 요구하는 게 대부분이다. 이외에는 인간적 면모를 알고 싶어 하는 대중의 호기심을 미디어가 대변해 묻는 것이 많다. 이런 점에서 스포츠 인재는 사회에서 일어나는 여러 상황을 잘 이해해야 한다.

먼저 사전을 펴보자. 대부분의 사전이 인터뷰를 '특정한 목적을 가지고 개인이나 집단을 만나 정보를 수집하고 이야기를 나누는 일. 또는 그런 것'이라고 정의한다. 또, '주로 기자가 취재를 위하여 특정한 사람과 가지는 회견'을 이른다. '인터뷰'는 우리가 생활 속에서 익숙하게 사용하는 단어다. 예를 들어 '미국 방문을 위한 인터뷰', '항공사 승무원 취업을 위한 인터뷰' 등은 '특정한 목적을 가지고 개인이나 집단을 만나 정보를 수집하고 이야기를 나누는 일 또는 그런 것'이라는 첫 번째 의미로 사용한 말이다. 미디어 부문에서는 '기자가 취재를 위하여 특정한 사람과 가지는 회견'이라는 두 번째 의미를 지칭한다.

좀 더 풀어 설명하자면 인터뷰는 '면접', '면담'의 뜻으로, 면접자가 상대방에게 어떤 문제에 대한 질문을 해서 정보나 의견 등을 알아내는 '방법'이다. 뉴스의 취재를 위한 뉴스 인터뷰, 사람을 찾아가서 하는 탐방 인터뷰, 전화 인터뷰, 기자 회견 등이 있다.

　독일《두덴 사전》의 설명에 따르면, 인터뷰라는 저널리즘 장르의 어원이 되는 단어는 '서로 (짧은 시간 동안) 봄, 해후, 만남'을 뜻하는 프랑스어 'entrevoir'라고 한다. 이 단어에서 '약속된 만남'이라는 뜻을 지닌 프랑스어 'entreview'라는 명사가 파생된다. 그 후 이 단어는 영국 궁정 언어에 유입되었고, 20세기 중반 미국 저널리스트에게, 그리고 시차를 두고 다시 영국 저널리스트에게 수용되었다. 그 이후로 '인터뷰'는 "여론에 공개할 목적으로 (신문)기자와 (대개는) 저명한 인물 사이에 이루어진 시사적인 문제에 대한 대화나 답변 당사자 때문에 대중이 관심을 갖게 된 사건에 대한 대화"를 의미하게 된다. (중략)《브로크하우스 백과사전》1986에 따르면, 인터뷰란 "사건이나 인물과 관련된 정보를 얻기 위해 인터뷰 진행자가 개인정보 제공자에게 목적을 갖고 질문 조사를 하는 행위"이다. 그러므로 인터뷰는 단순한 대화가 아니라 정보 획득이라는 목적을 갖는 질문 조사 행위인 것이다. (중략)《피셔 신문방송학 사전》은 인터뷰의 두 가지 중요한 기능을 언급하고 있다. "인터뷰는 하나의 기술 방식일 뿐 아니라 조사 방법이기도 하다." (중략)《저널리즘 핸드북》의 공동 저자인 울프 슈네이더Wolf Schneider와 조세프-폴 라우에Josef-Paul Raue는 인터뷰를 제작 단계에 따라서 분류하고 있다. 인터뷰는 우선 대화 참여자 사이의 '만남'이며, 둘째로, 이들의 대화 내용 중 대중에게 공개될 특정

부분이며, 셋째로, 그중에서 실제로 인쇄되거나 방송된 것"이다.[1]

1 미하엘 할러Michael Haller, 강태호 역, 《인터뷰, 저널리스트를 위한 핸드북》, 커뮤니케이션 북스, 2008, pp34~35.

2 김소형, 《한국 신문의 인터뷰 기사 도입과 변천에 관한 연구》, 1999, p5.

인터뷰interview는 웹스터Webster의 《New World Dictionary》에 따르면 라틴어에서 유래한 'entre inter : between, among'의 합성어인 프랑스어 'entrevue'에서 온 말이다. 여기에서 인터뷰는 세 가지 뜻을 가지는데, 첫째, 무엇을 의논하기 위하여 사람들이 직접 대면하는 만남 및 고용주와 지원자 사이의 인터뷰, 둘째, 기자와 그의 활동 및 견해 등이 발표될 기사의 대상이 되는 인물과의 대담, 셋째, 그와 같은 정보를 주는 언론적 기사 등이다. 이를 다시 분류하면, 일반적인 조사 방법으로서의 인터뷰와 언론 활동으로서의 인터뷰로 나눌 수 있고, 언론에서의 인터뷰를 다시 '취재 기법으로서의 인터뷰interview technique'와 '보도 관행으로서의 인터뷰 기사interview story'로 세분할 수 있다.[2]

이상의 정의는 대부분의 사람이 직관적으로 알고 있는 내용이다. 따라서 사람들은 인터뷰가 무엇이고 어떤 형태와 방법으로 수행되는지 알고 있을 것이다. 인터뷰는 '미디어'에 의해 수행되는 취재 행위로서의 만남, 질문 조사, 그리고 그 결과물로서의 보도 기사로 나타난다. 만남이란 기자와 인터뷰이의 만남이다. 인터뷰가 만남이라는 것은 친밀성을 전제로 할 때 질문 조사가 신뢰성을 갖게 된다는 것을 뜻한다. 질문 조사로서의 인터뷰는 과학적이지 않고 상식만을 반영할 뿐이며, 객관적이지 않아 신뢰할 수 없다는 점, 신빙성이 없고 유도 질문에 따라 의미가 바뀔 수 있다는 점 등의 부정적인 측면[3]도 있다. 하지만 인터뷰이에 대한 면밀한 준비를 한다면 이런 점이 어느 정도까지는 극복될 수 있다는 점에서 대부분의 기자가 채택하는 방법이다. 그러나 종종 인터뷰 기사는 인터뷰이의 의도와는 다르게 나타나 파장을 불러일으키기도 한다. 예를 들면 정치인이 "인터뷰 내용이 내 의도와 다르다"고 항변하는 경우가 그렇다. 이는 기사 내용이 전체 인터뷰의 맥락과는 다르게 나타났기 때문이다. 이런 점은 인터뷰어인 기자가 이미 자신의 관점을 가지고 인터뷰이의 의도와는 다르게 인터뷰 내용을 구성하는 데서 생겨난다. 이런 이유에서 많은 인터뷰이는 인터뷰어를 불신하기도 한다.

그럼에도 불구하고, 인터뷰는 취재 조사에 있어 필수적이고 가장 기본적인 절차에 해당한다는 사실을 부인할 수 없다. 인터뷰가 인터뷰어와 인터뷰이가 어울려 빚어내는 커뮤니케이션의 퍼포먼스로서 오늘날 미디어와 스포츠를 접속시키는 가장 기본적인 활동의 하나임은 분명하다.

인터뷰,
스포츠 보도의
시작과 끝

02

막 경기가 끝났다. 관중은 극적인 승부에 열광한다. 경기장에는 세 부류의 사람이 있다. 이긴 편과 진 편, 그리고 미디어다. 굳이 따지자면 결과가 어떻든 오불관언吾不關焉하는 제삼자도 있을 것이다.

미디어의 행동 대원은 기자다. 그들은 손에 녹음기나 마이크, 또는 취재 수첩을 들고 어수선한 경기장을 누빈다. 이긴 팀의 수훈 선수를 붙들고 소감이나 승리를 결정 지은 기술에 대해 묻는다. 이긴 팀의 감독에게는 어떤 작전을 펼쳤는지, 특정한 순간에 선수를 교체한 이유와 그 선수가 지닌 미덕에 대해 물을 수도 있다. 진 팀의 선수를 붙들고 소감을 묻는다든가, 왜 그토록 치명적인 실수를 하고 말았는지 물을지도 모른다. 진 팀의 감독에게 패인을 묻는 일은 피차 불편하지만 피할 수 없다. 기자는 이들에게만 질문을 하는 게 아니다. 관중석에서 수훈 선수의 아내나 자녀를 찾아내 뭔가 의미 있는 말을 들을 기회를 노린다. 응원 단장을 불러내면 재미있는 일화나 뒷이야기를 들을 수 있을지도 모른다. 경기장에서는 기자와 선수, 코치를 비롯한 관계자 사이에 숨 가쁘게 대화가 오간다. 이 대화가 모두 인터뷰라고 할 수 있다.

인터뷰는 경기 현장에서만 이루어지지 않는다. 경기가 끝난 뒤 라커룸에 돌아가 기쁨과 슬픔을 나눈 선수와 코치는 물론 팀의 관계자는 대부분 기자회견을 한다. 프로 스포츠 종사자에게 기자회견은 특별하고 중요한 절차다. 기자회견은 그 자체로서 인터뷰이기도 하다.

스포츠 보도는 여러 형태다. 우선 경기 현장에서 직접 경기 내용을 보고 작성한 상보가 있다. 경기의 승부가 갈린 전환점이나 중대한 변수, 경기 참여자감독이나 선수의 선택을 분석하고 논평하는 '관전평' 류의 박스 기사도 가능하다. 최근의 스포츠 기사는 상보와 분석이 한데 버무려진 형태로 작성되는 경우도 적지 않다.

최근의 인기 있는 스포츠 경기는 대부분 텔레비전에 의해 중계된다. 스포츠를 즐기는 팬은 관심 있는 거의 대부분의 경기를 실시간으로 즐길 수 있다. 또한 경기 중계를 놓쳤다고 할지라도 인터넷 등을 통해 경기 결과와 내용에 대한 정보를 얻을 수 있다. 이러한 상황의 변화는 스포츠 담당 기자가 작성하는 기사의 방향과 형태에도 영향을 미친다. 특히 신문 등 인쇄 매체의 기자는 중계방송과 텔레비전 뉴스가 다루지 않은 새로운 영역을 취재하려고 골몰하는 추세다.

대부분의 스포츠 팬에게 경기 결과와 내용은 주된 관심거리다. 특히 잘 쓴 경기 상보는 스트레이트의 힘을 보여준다. 인쇄 매체의 보도만으로도 스포츠 팬에게 깊은 감동을 안겨주기도 한다. 그러나 이제 팬은 더 이상 단순한 경기 상보에 굶주려 있지 않기 때문에 이 같은 사례는 흔하지 않다.

스포츠를 보도하는 기자는 경기 상보를 길게 쓰지 않으려는 경향을 보이기도 한다. 그 대신 선수와 감독, 그리고 그 종목 관계자를 만나 긴 시간 동안 구체적인 내용을 주제로 대화하는 인터뷰In depth interview에 보다 많은 시간과 정성을 기울이는 경향을 보인다.

인터뷰는 전통적인 취재 방식이며 인터뷰 기사 역시 오래된 기사 형식이다. 그러나 최근의 인터뷰 기사는 스포츠 스타와 독자를 가깝게 이어주는 정보의 창구로서 기능하며 스포츠 기자의 존재 의미를 부각시켜주는 대표적인 기사 형식으로 떠올랐다. 기자는 슈퍼스타와의 인터뷰 약속을 위해 선수 본인, 구단 관계자, 매니저, 에이전트 등과 긴밀하게 연락하고 시의적절한 인터뷰 대상의 선정을 위해서도 공을 들인다. 이러한 노력은 경기장에 입장해 실제 경기를 관전하는 데 들이는 노력 이상이다.

사실 대부분의 스포츠 기사는 경기 상보 등 몇 가지 직접적인 사례를 빼면, 대부분 인터뷰에 의해 정보의 질이 심화되고 확실성이 보장되는 면이 강하다. 경기 상보조차도 선수나 감독, 해당 종목의 관계자를 인터뷰함으로써 풍부한 정보를 담아낸다. 내용이 빈곤하거나 방향이 잘못된 인터뷰를 했다면 결코 살아 숨 쉬는 기사를 만들어낼 수 없다. 빈약한 내용과 방향 설정이 잘못된 인터뷰는 정보의 함량이 낮은 조각 기사에 불과하다. 더욱이 인터뷰가 잘못 이루어졌을 때에는 오보를 면치 못하는 수도 있다. 인터뷰에 실패했다면 아예 기사를 쓸 수 없을지도 모른다. 이렇게 볼 때 유능한 스포츠 기자는 곧 인터뷰에 능한 기자라고 해도 과언이 아니다.

인터뷰를
위한
바이블

03

취재에서 인터뷰는 아주 중요한 역할을 한다. 그렇기 때문에 기자는 인터 뷰 기술을 숙지하기 위하여 많은 노력을 기울인다. 이와 관련된, 스포츠 기 자를 위한 많은 교재와 가이드북이 나와 있다. 예컨대 대한민국 스포츠 기 자가 그 입문기에 반드시 새겨 읽어야 할 책자 가운데 하나로 첫손에 꼽히 는 토머스 펜시Thomas Fensch의 《스포츠 기자 핸드북The Sports Writing Handbook》 1997은 바이블과도 같은 세 권의 저서를 가이드로 제시한다. 펜시는 그의 저서 맨 첫 장을 인터뷰 기법에 할애함으로써 현대 스포츠 저널리즘에서 인터뷰가 차지하는 비중을 자연스럽게 강조하고 있다. 첫 장의 제목은 〈The Art of the Interview〉이다. 펜시가 가이드로 제시한 세 권의 저서 가 운데 첫 번째는 윌리엄 진서William Zinsser의 《논픽션 가이드On Writting Well: An Informal Guide to Writing Nonfiction》1985이고, 두 번째는 존 브래디John Brady의 《인 터뷰 기법The Craft of Interviewing》1976이며, 세 번째는 듀잇 레딕Dewitt Reddick의 《피처 기사 작성법Modern Feature Writing》1949이다. 이들 책 속에서는 다음과 같이 빛나는 문장이 발견된다.

> 인터뷰 솜씨의 절반 이상은 순전히 기계적인 것이다. 그 나머지는
> 직관적인 능력이 발휘되는 부분이다. 즉 다른 사람을 편안하게 만드
> 는 방법이나 대상자를 밀어붙일 적절한 순간, 귀를 기울여야 할 때,
> 그리고 인터뷰를 중단해야 할 때를 파악하는 판단력이나 능력이 그
> 것이다. 이런 능력은 경험을 통해 익힐 수 있다.[4]

> 인터뷰란 상대방의 믿음을 통해 정보를 얻는, 적절하면서도 직접
> 적인 기술이다. 인터뷰 내용이 예리하면서도 균형 잡히기 위해서는
> 신뢰를 받고 필요한 정보를 얻는 두 가지 행위가 균형을 이뤄야 한
> 다. 그러나 인터뷰 과정이 조바심 속에 과열되다 보면 이 두 가지 행
> 위가 뒤죽박죽이 되어 평형이 이뤄지지 않는다.[5]

> 인터뷰 담당자는 상대에게 던질 질문의 상당수를 미리 준비해야
> 한다. (중략) 인터뷰 초보자라면 중요한 질문을 미리 적어두는 것이
> 도움이 될 것이다. 노련한 인터뷰 담당자는 스토리의 핵심을 분명하
> 게 인식함으로써 화제가 서너 개의 앵글로 번지더라도 스토리의 가
> 닥을 놓치지 않는다.[6]

레딕이 1949년에 쓴 글은 장구한 세월의 도
전에도 불구하고 조금도 풍화되지 않은 통찰

4 Zinsser, 1985, p79.
5 Brady, 1976, p68.
6 Reddick, 1949, p94.
7 Haller, 2008, p54.

력을 발견할 수 있다. 또한 인터뷰 기법이 사뭇 오랜 시간을 거슬러 저널리즘의 한 가지 도구로서 정리된 이론에 기반하고 있다는 사실도 깨닫게 된다. 인터뷰의 기법은 잘 정돈된 매뉴얼에 기초한다. 그 운영자의 능력에 따라 예측하지 않았던 변인을 발생시키면서 놀라운 진실로 안내하기도 하고 풍요로운 콘텐츠의 보고가 되어주기도 한다. 요컨대 인터뷰는 상당히 조심스럽게 준비된 다음에 시작되어야 할 취재 기술이다.

이 책 외에도 미하엘 할러Michael Haller가 쓴 《인터뷰, 저널리스트를 위한 핸드북》강태호 역, 커뮤니케이션 북스, 2008도 반드시 읽어보아야 한다. 할러는 "인터뷰 상황의 이중성은 저널리즘 인터뷰의 주요 특징이다. 개인적인 대화지만 언제나 공적인 구경거리"[7]라고 규정한 다음, 대화에서 가능한 한 합의에 이르고자 한다면 네 가지 차원을 고려해야 한다고 충고한다. 첫째는 질문 또는 편집진의 인터뷰 목표의도, 둘째는 매체의 신문방송학적 · 기술적 특성, 셋째는 답변자의 개인적 관심, 넷째는 대중의 기대와 요구다.

다음과 같은 할러의 정리는 매우 명쾌하다.

각각의 인터뷰 질문의 목적과 방법은 (중략) 서로 다른 전달 목표를 갖는다. 어떤 경우에는 사건이나 테마가, 또 다른 경우에는 답변하는 인물이 중심에 놓이며, 종종 양쪽의 비중이 동일한 경우도 있다. 그러나 인터뷰는 항상 주목할 만한 가치가 있거나 사건에 대한 유용한 정보를 제공할 수 있는 인물의 지식과 견해뿐 아니라 사고방식까지도 이들이 언급한 진술을 통해서 신빙성 있는 형태로, 가능한 한 흥미로운 방식으로 보여주어야 한다.

한 인물이 사건에 대해 무엇을 어떻게 이야기하고 자신이 말한 내용에 대해 어떤 태도를 취하는가 등의 요소는 모두 인터뷰에 녹아들어 전체적인 정보의 형태를 띠게 된다. 그래서 인터뷰의 정보 가치가 인터뷰 상대자가 전달한 지식에만 있는 경우는 매우 드물다. 대개 인터뷰의 정보 가치는 인물과 테마 사이의 흥미로운·또한 놀라움을 주는 조합에 있다.[8]

8 Haller, 2008, pp54~55.

인터뷰의 두 주인공,
인터뷰어와
인터뷰이

04

인터뷰에는 서로 다른 역할을 하는 두 종류의 사람이 참여한다. 기자는 인터뷰에서 주로 질문을 하는 사람, 즉 인터뷰어interviewer다. 질문에 대답하는 사람은 인터뷰이interviewee다.

인터뷰어를 위한 교재와 길잡이는 앞에 소개한 것처럼 매우 많고 종류도 다양하다. 또한 많은 미디어가 자체적으로 인터뷰를 위한 매뉴얼과 훈련 시스템을 보유하고 있다. 신입 기자는 선배 기자의 지도 아래, 도제식 교육을 통해 인터뷰와 인터뷰 기사 작성 기술을 숙지하고 발전시켜 나간다. 그들은 넓은 의미로 인터뷰를 이해하며, 대부분의 기사를 인터뷰를 통하여 작성한다. '인터뷰 기사'라는 테두리 안에 넣을 수 있는 경우는 일반적으로 방문, 회견 등을 통해 작성한 기사로서 개인이 중심이 되는 기사다. 인터뷰 기사의 종류는 그 내용과 형식에 따라 나눌 수 있다.

내용을 기준으로 삼을 때 스트레이트 뉴스 취재에서 인적 취재원에게 하는 질문이나 발표 기관 또는 대변인에게 보충 질문을 하는 뉴스 인터뷰가 있다. 어떤 사람의 직업, 업적, 근황 등 개인이 기사의 중심이 되는 인터뷰로서 기사 가치와 관련된 이야기가 포함돼야 하는 프로필 기사 또는 개인 회견도 있다.

형식면에서 살펴보면 첫째 질문과 답변을 명확히 구분하여 기술하는 '문답식' 기사가 가장 쉬운 방식의 기사이다. "승리의 비결이 무엇인가?"라고 물었을 때 "상대 팀의 주요 선수를 겹수비로 막으려는 작전이 성공했다"고 대답하면 이 내용과 과정을 그대로 적어주는 식이다. 기자가 기사를 서술해가다가 중간 중간에 인터뷰이가 한 말을 인용하는 '녹여 쓰기' 방식도 있다. 이 방식은 상황에 따라 적절히 사용할 수 있기 때문에 단순한 문답식 기사보다 많은 기자가 선호한다.

대개 문답식 기사는 중요하고 미묘한 사안일 때 사용한다. 이로써 기자의 해석이 초래할지도 모르는 오해의 소지를 줄일 수 있다. 녹여 쓰기는 미담이나 휴먼 스토리를 쓸 때 즐겨 사용된다.

기자는 인터뷰 대상을 포착하면 사냥감을 발견한 맹수처럼 집요해진다. 웬만해서는 놓치는 법이 없다. '사냥감인터뷰 대상'은 실로 다양하다. 대중의 흥미를 끌 만한 사연을 간직한 사람이라면 누구든 기자의 인터뷰 대상이 될 수 있다. 인터뷰 대상자가 인터뷰를 꺼리고 거절할 수도 있지만 기자의 인터뷰 요청을 거절하기란 쉬운 일은 아니다.

기자는 인터뷰를 거절할 수 없도록 인터뷰 대상자와 친하거나 그가 인간적으로 신뢰하는 사람을 동원해 설득에 나선다. 인터뷰 대상자를 압도할 수 있는 인물을 동원해 압박하는 경우도 없지 않다. 인터뷰를 거절당해 어려운 입장이 되면 강요와 협박도 서슴지 않는다. "당신이 인터뷰를 거절한다면 결국 당신이 잘못을 인정한다는 뜻이다"라는 말로 압박하거나 "당신이 인터뷰를 거절했다는 사실을 보도하겠다. 결과는 결코 유리하지 않을 것이다"라는 식의 '협박'은 사실 보통 사람으로서는 견디기 쉽지 않다.

기　　자　　는
어떻게 인터뷰를
준비하나

기자는 단지
'소감'만 묻는 게
아니다

05

스포츠 기자의 인터뷰는 다른 분야의 취재와 마찬가지로 몇 가지 형태로 나누어진다. 우선, 스포츠 기자에게 가장 자주 닥치는 경우로는 경기장에서 경기 직전이나 직후, 가끔은 중간에 선수와 감독 또는 관계자 등을 대상으로 하는 긴박한 현장 인터뷰가 있다. 다음으로, 경기장이나 숙소, 훈련장이나 그 밖의 정해진 장소에서 다소 시간을 두고 계획적으로 이루어지는 기획성 인터뷰가 있다. 특정한 목적을 가지고 취재원이 여러 기자를 상대로 하는 기자회견 형태의 인터뷰도 가능하다.

그런데 현장에서든 훈련장에서든 한국의 스포츠 기자가 많이 던지는 첫 질문은 '소감'이다. '경기를 마친 소감', '오늘 승리를 거둔 소감', '홈런을 친 소감' 등. 소감 못지않게 많이 등장하는 단어는 '기분'이다. '완봉승을 기록한 기분이 어떠냐', '결승골을 터뜨리는 순간 기분이 어땠느냐' 등. 어떤 경우에는 기자가 선수나 감독에게 "우선 오늘 경기에 대해서 간단하게 정리를 해주시죠" 하고 요구하는 경우도 있다.

기자가 이런 질문을 하는 데는 이유가 있다. 마감 시간의 압박 속에서 신속하게 기사로 옮길 코멘트를 얻어내려고 하기 때문이다. 그렇지만 취재원은 묻는 내용이 광범위해서 대답하기 어려운 애매한 질문을 받았을 때 간단하게 정리하기가 쉽지 않다. 문제는 이렇게 정리되지 않은 종류의 질문이, 미리 약속을 하고 상당한 시간을 들여 진행하는 인터뷰에서도 심심찮게 취재원에게 던져진다는 점이다. 그러나 어떠한 경우에라도 기자가 단지 '소감'이나 '기분'이 어떤지 알고 싶어 이런 식의 질문을 하는 것은 아니라는 사실을 인터뷰이는 명심해야 한다.

인터뷰에도 분명 매뉴얼이 있다. 그리고 이러한 매뉴얼은 기자라면 누구나 알고 있음직한 내용을 담고 있다. 인터뷰 방식에 대한 요령과 테크닉은 다양하지만 대부분 간단하게 설명될 수 있고 이해할 수도 있는 내용이다. 다음에 제시되는 항목은 기자가 미리 예정된 인터뷰를 할 때 유의하는 사항이다. 현장에서는 그날의 상황이 인터뷰의 방향을 결정하는 경우가 허다하다. 그러나 기획된 인터뷰라면 기자도 취재원을 향하여 좀 더 정교하게 준비된 질문과 인터뷰 진행 방식을 구사할 것이 틀림없다. 토머스 펜시는 기자에게 다음과 같은 충고를 한다.

1 인터뷰 대상에 대한 자료를 충분히 찾아 읽고 검토하라.

2 반드시 해야 할 질문을 미리 작성해두어라.

3 인터뷰할 대상자의 스케줄에 맞춰 인터뷰할 날짜와 시간을 결정해라.

4 인내를 가지고 인터뷰 대상자를 대하라.

5 프로필과 관련한 기사를 쓰고자 할 경우 연대순으로 질문하라.

6 반드시 연도를 물어 확인하라.

7 '왜'냐고 물어라. '이유'를 알아야 한다.

8 인터뷰를 마친 뒤라도 확인과 보충 질문을 하기 위해 전화번호를 적어두어라.

9 접촉이 가능한 주변 인물을 빠짐없이 인터뷰하라.

10 응원단장 같은 말투로 질문하지 마라.

11 대부분의 취재원코치와 선수, 관계자 등은 기자가 자신의 편이 되어주기를 기대한다는 사실을 인식하라.

12 '결정적인 순간'에 대해 질문하고 확인하라.

13 신문 등 인쇄 매체의 기자라 해도 녹음기, 컴퓨터, 비디오카메라, 사진기 등의 기기에 대한 기초적인 조작법은 익혀두어야 한다.

14 윤리적인 문제가 따르는 '오프더레코드' 요구는 피해야 한다.

15 최근에 보도된 인터뷰 대상자에 대한 기사를 제시하고 그 보도의 진위를 물어 확인 또는 부인하는 답변을 확보하라.

16 인터뷰는 차분한 분위기에서 진행하라.

17 인터뷰 대상자나 관계자를 비롯한 주변 인물에게 홍보용이든 배경 설명을 위한 것이든 도움이 될 만한 자료가 있다면 요청하라.

18 스포츠에서만 사용되는 특수 용어나 비속어는 정확하고도 조심스럽게 사용하라.

19 공문서를 적극적으로 열람하여 자료로 삼으라.

20 논란이 될 만한 내용의 질문은 인터뷰의 초반보다는 말미에 하

는 게 좋다.

21 '최후 진술' 듣기를 잊지 마라.

22 에피소드는 인터뷰를 부드럽고 풍요롭게 한다.

23 어떤 스타나 권력자 앞에서도 위축되어서는 안 된다.

24 특히 구단주를 비롯한 고위층을 인터뷰할 때 동어반복과 상투적 답변에 만족해서는 안 된다.

25 인터뷰 대상자의 예상치 못한 '고백'에 대비하라.

이 스물다섯 가지 항목 중에 이해할 수 없는 항목이 있는가? 예를 들어 '인터뷰 대상에 대한 자료를 충분히 찾아 읽고 검토하라'거나 '반드시 해야 할 질문을 미리 작성해두어라'는 대목은 이의가 있을 수 없다. '맨땅에 헤딩'이 기자의 숙명이고, 유능한 기자라고 해서 직관을 가지고 즉흥적으로 취재하고 인터뷰해도 훌륭한 기사를 작성할 수는 없다. 그렇게 해서 혹여 얻는 것이 있다면 잃는 것도 있을 것이다. '인터뷰할 대상자의 스케줄에 맞춰 인터뷰할 날짜와 시간을 결정해라'는 항목은 옳은 말이지만 그 중요성을 간과하기 쉽다.

가장 곤란한 것은 마감 시간에 맞추어야 해서 인터뷰 대상자가 원하는 시간에 만나기 어려울 때이다. 이럴 때도 기자는 최대한의 예의, 기본적으로는 호의를 가지고 인터뷰 대상자의 양해를 얻어야 마땅하다. 그러나 적지 않은 수의 기자가, 인터뷰 대상자가 자신의 편의에 따라 움직여주기를 기대한다. 한국에서 기자가 인터뷰 대상을 압도하는 이른바 '갑'의 위치에서 활동하던 시대는 이미 지나간 지 오래인데도 말이다. 사실 어떤 스포츠 저널리즘도 인터뷰 대상자의 호의와 헌신하려는 태도를 끌어내지 못하면 온전히 기능하지 못한다. 기자가 강요한다고 해서 인터뷰에 '어쩔 수 없이' 응할 이유는 없다. 인터뷰 대상자에게는 말하지 않을 권리뿐만 아니라 강요당하지 않을 권리도 있다.

나는 이와 관련해서 아주 부끄러운 기억을 간직하고 있다. 1991년 6월의 일이다. 1992년 바르셀로나 올림픽 축구 아시아 지역 1차 예선을 취재하기 위해 말레이시아의 쿠알라룸푸르에 출장을 갔다. 그해 6월 29일부터 7월 5일까지 열린 네 번의 경기는 모두 1992년 같은 장소에서 있을 최종 예선에 진출하기 위한 관문이었다. 당시 한국의 축구 대표 팀은 독일의 저명한 지도자 데트마어 크라머Dettmar Cramer 씨가 이끌고 있었고, 김삼락 씨가 보조하였다. 그러나 크라머 씨의 원칙주의와 김삼락 씨의 국내 축구인으로서의 '체면 의식'이 맞부딪쳐 조화로운 모습을 보기 어려웠다.

한국의 기자는 해외 출장을 나가면 첫 기사에 인상적인 내용을 담아 송고하려는 의욕이 강하다. 독자의 시선을 한눈에 사로잡고, 국내에서 기사를 기다리는 부서장 등 선배에게 좋은 인상을 주고, 멋진 소재와 세련된 기사를 얻어내기 위해 최선을 다한다. 이때 가장 쉽고도 효과적인 방법은 스타 선수를 인터뷰하는 일이다. 당시 한국 올림픽 축구 대표 팀의 인기 선수는 서정원·곽경근·노정윤·이임생 등이었다. 이 가운데 서정원·노정윤·이임생 선수는 나중에 한국을 대표하는 스타가 되어 월드컵 무대를 밟는 영광을 누렸다.

나는 서정원 선수와 곽경근 선수를 인터뷰하였다. 그런데 그 방법이 몹시 비상식적이고 강압적이었다. 요즘의 기준에 비추어본다면 있을 수 없는 일을 쿠알라룸푸르에서 벌인 셈이다. 이른 아침 사진기자와 함께 그들이 묵고 있는 호텔에 찾아갔다. 그리곤 곧바로 서정원 선수와 곽경근 선수가 묵는 방의 문을 두드린 다음그다음 기척을 기다리지 않고 문을 밀고 들어갔지만 그들을 깨워 호텔 지붕으로 데려갔다. 선수들은 아무 불평 없이 취재에 응했다. 서정원 선수는 즐거운 표정까지 지으며 이것저것 묻고 농담을 하기도 했다. 나와 사진기자는 그들에게 경기를 앞둔 각오와 같은 몇 가지 틀에 박힌 질문을 하면서 사진을 찍었다. 불편한 동작이 많이 들어간 '연출 사진'이었다. 선수들이 침대에서 일어나 아침 식사도 하기 전에 취하기엔 적당치 않은 동작이었다. 기사와 사진을 묶어 오전 기사로 전송하고 아침 식사를 마친 다음 올림픽 대표 팀의 훈련장에 나갔다. 훈련 분위기는 평소와 다름이 없었다.

그러나 훈련이 끝난 다음 점심 식사를 하는 자리에 축구 협회의 직원이 찾아왔다. 그는 완곡한 어조로 크라머 감독이 몹시 화가 났으며, 이런 일이 재발할 경우 정식으로 문제를 삼겠다고 했다는 말을 전했다. 당시 나의 솔직한 심정은 '상식을 벗어난 취재를 했으니 참으로 미안하고 다음부터는 그러지 말아야겠다'는 반성과는 거리가 멀었다. 심한 불쾌감, 그리고 '싹수머리 없는 외국인 코치가 어디다 대고 이래라저래라야? 내일 한 번 더 해야겠구만. 노정윤이를 할까?' 하는 오기 어린 심사에 사로잡혔다.

나는 잘못을 인정하고 사과하는 대신 함께 출장을 간 타사의 동료 기자에게 이 사실을 알렸다. 그들의 반응은 한결같았다. "싹수없다", "혼을 내줘야겠다", "기자가 취재하는 데 감독이 왈가왈부하게 방치해서는 안 된다" 등 대충 이런 식이었다. 당시 한국은 쿠알라룸푸르에서 벌어진 네 경기를 모두 이겼다. 이듬해 1월 같은 장소에서 열린 최종 예선에서도 3승 1무 1패를 기록해 바르셀로나로 가는 티켓을 따냈다.

크라머 감독이 좋은 성적을 거두었기에 망정이지, 그러지 못했다면 한국의 언론이 그를 그냥 두지 않았을 것이다. 물론 크라머 감독은 한국 축구계와 언론의 집요한 배척을 견디지 못하고 얼마 지나지 않아 감독에서 고문_{또는 총감독}으로 밀려났다. 최종 예선이 끝난 다음에는 올림픽 팀에서 완전히 손을 뗐다. 대표 팀 선수는 그를 '할아버지'라고 부르며 100퍼센트 신뢰하고 사랑했지만 그런 점은 고려되지 않았다.

하지만 나는 쿠알라룸푸르에서의 불쾌감에도 불구하고 크라머 씨의 인격과 능력은 신뢰했기에, 그의 퇴진을 기분 좋게 바라보지는 못했다. 그리고 오랜 시간이 지난 다음 나는 당시에 혼이 났어야 할 사람은 크라머 씨가 아니라 나였으며, 쿠알라룸푸르에서 내가 얼마나 부끄러운 행동을 했는지를 깨닫게 되었다. 그 깨달음을 얻기까지 꽤 긴 시간이 필요했다. 만약 지금이라면 절대로 그와 같은 방식으로 선수를 인터뷰하지 않았을 것이다. 또한 선수도 그런 식의 인터뷰 요구에 절대 응하지 않았을 것이다. 지금 내가 그런 인터뷰를 했다면 아마도 나는 많은 비난에 직면해 기자단이나 협회로부터 징계_{또는 불이익}를 받았을 수도 있다.

인터뷰 대상자는
존중받을 권리가
있다

06

스포츠 기자는 상식의 기반 위에서 최대한 예의와 인내심을 발휘해야 한다고 교육받는다. 스포츠 분야의 취재원은 베테랑 직업 선수이거나 아주 어릴 때부터 스타로 이름을 알린 선수가 아니라면 미디어 인터뷰에 익숙하지 않은 경우가 많다. 대학 초년생 선수, 또는 프로나 실업 팀의 새내기 선수는 언론과 접촉할 기회가 많지 않기 때문에 대부분 상당히 위축되고 경직된 자세로 인터뷰에 응한다. 이럴 경우 스포츠 기자는 답답해 하며 때로는 강요하듯 강압적이거나 진술을 빼앗는 듯한 질문으로 상황을 더욱 악화시키기도 한다.

《스포츠 기자 핸드북》이 소개하는 유진 웹Eugene J. Webb과 제리 샐런식 Jerry Salancik의 언급은 기자가 기억해두어야 할 내용이다. 그들이 1966년 공동 연구한 저널리즘 관련 논문〈The Interview, or The Only Wheel in Town〉의 첫 장 '인터뷰 기법The art of the interview'에는 인터뷰 대상자가 답변을 하는 데 있어 여러 가지 문제가 있을 수 있다고 지적하고 그러한 문제점을 다음의 네

가지로 설명했다.

첫째, 잠재적 소스인 인터뷰 대상자가 원하는 정보를 모르고 있을 수 있다. 둘째, 소스인 대상자가 원하는 정보를 알고 있고 밝힐 뜻도 있으나 그것을 제대로 표현할 능력이 없을 수도 있다. 셋째, 소스인 대상자가 의향은 있으나 밝히기를 원하지 않을 수도 있다. 넷째, 소스인 대상자가 의향은 있으나 필요한 정보를 잊어버려서 밝힐 수 없는 경우도 있을 것이다.[9]

9 Fensch, 1997, p19.

첫 번째의 경우라면 기자로서도 달리 방법이 없다. 이럴 때 기자는 인터뷰 대상자와의 대화를 통하여 대안을 찾으려 할 것이다. 인터뷰 대상자는 기자가 자신을 통해 알고 싶어한 내용을 알 만한 다른 취재원을 생각해낼 수도 있기 때문이다. 기자는 설령 원하는 정보를 가지고 있지 않은 취재원임을 확인한 다음에도 쉽게 그와 헤어지지 않는다. 대화 도중에 다른 누군가를 만나 물어보면 되겠다는 영감을 얻을 수도 있고 취재가 진행되는 동안 취재원이 다른 종류의 정보를 제공할 수도 있기 때문이다.

질문의 방향을 전환하여 원하는 정보의 윤곽만이라도 파악하거나 대화 중에 떠오른 다른 의문과 궁금증, 그리고 호기심을 풀어볼 수도 있다. 기자는 이런 방법으로 낭패라고 생각했던 상황에서 망외望外의 소득을 얻는 경우가 허다하다. 양식이 있는 기자라면 어떤 경우에도 원하는 정보를 말하지 않는 인터뷰 대상자에게 역정을 내거나 인격적으로 모욕을 주지는 않을 것이다. 속으로야 어떨지 모르겠지만 적어도 겉으로는 정중하게 "귀중한 시간을 할애해주셔서 감사합니다"라고 말하면서 한 걸음 물러나는 것이 보통이다.

기자는
"왜"냐고 묻고
싶어 한다

07

스포츠 현장에서는 예측하지 못한 일이 빈번하게 발생한다. 스포츠 기자는 경기 취재를 자주 하게 되는데 '각본 없는 드라마'라는 표현이 말해주듯 경기의 결과는 예측하기가 어렵다.

축구 경기를 취재할 때, 전반을 2대0으로 앞선 팀이 후반에 세 골을 내주고 역전패하는 경우가 흔하다. 축구 경기의 흐름은 다양한 이유 때문에 반전된다. 선수 교체나 위치 변경, 감독의 작전 변경, 예상치 않았던 중심 선수의 부상 등은 갑작스럽게 경기 내용이 뒤바뀌는 주요 요인이다. 또한 승리를 낙관한 한쪽 팀의 선수가 전염병에라도 걸린 듯 느슨한 플레이를 하다가 경기의 주도권을 상대 팀에 넘겨주고 그 기세에 밀려 속절없이 역전패를 당하는 경우가 허다하다.

이런 경기를 보도할 때, 기자는 경기의 흐름을 정확하게 기사로 작성해 독자에게 전달해야 할 뿐 아니라 그 이유도 설명해야 한다. 상당한 수준의 전문적 식견을 가지고 있다고 해도 기자가 일방적인 분석으로 기사를 작성한다면 그 기사는 설득력을 얻기 어렵거니와 충실함과 입체감, 생동감 등 고급한 기사의 조건을 갖추기 힘들다. 따라서 그날 경기를 한 선수와 감독, 주변 전문가의 시각을 반영할 필요가 있다. 그렇기 때문에 기자는 경기가 끝난 다음 바로 기사를 쓰기보다는 공식 기자회견에 참석하거나 현장 인터뷰를 시도한다. 이때 기자는 경기 성패의 원인을 알아내기 위해 '왜'라는 질문을 자주 던져 구체적으로 다가간다.

예를 들어, '호랑'이라는 팀의 선발 멤버로 출장해 잘 뛰던 A라는 선수가 다른 선수와 교체돼 나간 다음 전세가 기울어 결국 경기에서 졌다고 하자. 기자는 경기의 흐름을 읽는 아주 뛰어난 식견을 갖추지 않았더라도 A가 빠진 뒤 '호랑' 팀이 고전했다는 사실을 알 수 있다. 하지만 왜 그랬는지, A가 물러난 다음 '호랑' 팀에 어떤 부정적인 변화가 있었는지, A 대신 들어간 선수의 역할이 어땠는지 정확하게 알려면 인터뷰가 필요하다.

기자가 해당 종목에 대한 지식과 안목이 매우 뛰어나 상황 전체를 꿰뚫어 볼 수 있다고 해도 기자의 일방적인 주장만을 지면에 담는 일은 바람직하지 않다. 특정한 사안에 대해 반대 의견이 있다면 마찬가지로 찬성의 의견도 있기 마련이다. 찬반양론을 균형 있게 기사에 반영하는 것은 객관적인 스포츠 보도 기사 작성에서 기본이다. 이런 요소 때문에 기자는 움직이며, 인터뷰를 시도하지 않을 수 없다.

독자는 정보를 얻기를 원하는 한편 납득할 수 있고 공감하고픈 소재에 목말라 있다. 기자는 이러한 요구에 부응하는 기사를 쓰기 위해 입체적인 설명을 더할 필요가 있다는 사실을 잘 안다. 이때 기자는 가장 중요한 절차가 경기에 출전한 선수나 감독과의 인터뷰라고 판단한다. 기자는 당연히 감독에게 '왜'냐고 물을 것이다. 왜 A를 교체해 불러들였는지, 뭐가 문제였고 왜 그런 문제가 생겼다고 판단했는지, 나아가 왜 A가 그런 문제의 원인이었다고 생각했는지 물을 것이다. 또한 '호랑' 팀의 선수가 이 같은 감독의 판단에 대해 어떻게 생각하는지도 알려고 할 것이다. 설령 당일에 기사로 옮길 필요가 없을지라도 기자가 이 인터뷰를 '호랑' 팀의 상황에 주목하면서 긴 호흡으로 착실히 기록해둔다면 나중에라도 반드시 이때의 인터뷰 내용을 참고할 기회가 올 것이다.

이 같은 상황을 펜시는 다음과 같이 설명하고 있다.

인터뷰 대상자가 자신의 입장이나 신조, 중요한 선택 등에 대해 설명하도록 해야 한다. "왜 그렇다고 믿는가? 이번이 선수로서 가장 좋은 기량을 발휘한 최상의 시즌이었다면 그 이유는 무엇인가? 이 팀이 지난해보다 나은 실적을 보인 이유는 어디에 있는 것인가? 자신의 코치 방식이 상대팀보다 낫다고 믿는다면 그 이유는 무엇인가?" 이처럼 이유를 캐묻는 질문 외에도, 어떻게 해서 그렇게 되었는지 과정을 확인하는 질문도 역시 중요하다. 프로 선수는 쉽게 흥분하거나 지나치게 과묵한 성격 탓으로 어떤 결과가 빚어진 이유를 정확하게 설명하지 못하는 경우가 있다. 가령 독특한 골프 스윙이나 트레이드마크처럼 된 특정한 스타일을 몸에 익힌 이유나 또는 특정한 시점에서 특정한 플레이를 펼친 이유 등을 제대로 설명하지 못하는 것이다. 그럴 때는 이렇게 묻는 것이 효과적일 것이다. "당신의 스윙 폼을 나에게 한번 보여달라. (중략) 그때 어떻게 했는지 한번 시범을 보여달라. (중

략) 어떻게 해서 그렇게 하게 되었는가?" 상대방의 시
범을 살펴보면 그가 설명하지 못하는 이유를 알아내는
데 도움이 될 수 있다.[10]

10 Fensch, 1997,
pp20~21.

기자는
인터뷰를 이렇게
준비한다

08

인터뷰는 사전 조사에서 시작된다. 대부분의 기자가 인터뷰에 앞서 인터뷰이와 관련된 묵은 자료나 기본적인 사실 등을 확인한다. 짧은 시간에 수많은 조사를 해치우는 기자의 능력은 가히 초인적이다. 기자는 가능하면 풍부한 자료를 섭렵하고 세심하게 분류하여 숙지한다. 그럼으로써 얻는 효과는 크다.

우선, 인터뷰이에게 '아, 이 기자는 나에 대해 많은 것을 알고 있구나'라는 인상을 심어준다. 그럼으로써 기자는 부드러운 분위기 속에서 다소 예민한 문제에 대해서도 질문할 수 있고 그에 대한 답변을 들으며 깊은 대화를 시도할 수 있다. 이런 질문과 대화는 기자가 직접 기사를 쓸 때 풍부한 자료로서도 활용될 것이다.

기자는 일단 출신지나 출신 학교, 가족 관계 등 취재원과 관련한 기초적인 정보를 확보하고 있는 사람이라고 생각하면 된다. 때로는 깜짝 놀랄 만큼 사소한 내용에 대해서까지 알고 있을 수도 있다. 인터뷰이의 귀가 솔깃

할 만한 정보를 준비해서 감동을 주고 '같은 편'이라는 느낌을 주기도 한다. 그러나 분명한 사실은 기자는 결코 친구가 아니고, 인터뷰이로부터 보다 깊고 정확한 정보를 뽑아내려고 한다는 것이다.

잘 훈련된 기자가 인터뷰이에게 던지는 질문은 설령 지나가는 말같아도 인터뷰이를 만나기 전에 대부분 충분히 그 내용과 순서를 검토한 것이다.

기자는
이렇게
묻는다

09

노련한 기자라면 질문할 내용을 적은 종이나 수첩, 노트 등을 인터뷰이 앞에 펼쳐놓고 질문하지 않는다. 기자는 질문할 내용과 순서를 외우고 있다. 잘 디자인된 기자의 질문은 일상적인 대화를 나눌 때처럼 자연스럽고 물 흐르듯 부드럽다. 기자는 질문 내용을 미리 꼼꼼히 준비해두었겠지만 그 순서에 신경을 쓰면 흐름이 끊기기 때문에 상당히 유연하게 대처하려 애쓴다. 기자는 전체적인 인터뷰 내용을 머릿속에 넣어놓고, 여유 있게 질문할 것이다.

좋은 기자는 인터뷰이를 대할 때 겸손하면서도 당당하다. 기자가 '나는 모든 걸 다 알고 있다, 더구나 막강한 힘을 가진 큰 언론사 소속이다'라는 식으로 지나치게 자신감을 보이면 인터뷰이는 불쾌감이 들 수도 있다. 좋은 기자는 취재원을 상대할 때 그가 아무리 슈퍼스타이고 큰 기업의 총수라 해도 결코 주눅 들지 않는다. 그런 기자가 하는 질문을 찬찬히 듣고 적절히 상대하는 일, 이것이 훌륭하게 인터뷰를 수행하는 요령이다. 자, 그럼

그 요령을 구체적으로 정리해보자.

1 기자는 기본적인 질문, 즉 쉽고, 기분 좋게 대답할 수 있는 질문부터 한다.

2 질문은 간단하지만 내용은 구체적으로 한다. 주절주절 장황하게 질문을 했는데 '예' 또는 '아니오' 식으로 대답하면 맥이 풀릴 것이다. '예'나 '아니오'로 대답할 수밖에 없는 질문을 한다면 취재원이 상대하는 기자는 아마 이제 막 기자가 된 신출내기이거나 하기 싫은 인터뷰를 억지로 하고 있는 것이 분명하다. 좋은 기자는 취재원의 의견을 적극적으로 묻는 질문을 한다.

3 기자는 반드시 질문해야 할 항목을 몇 가지 외우고 있거나 취재수첩에 적어두고 있을 것이다. 그가 점검하는 대목에서 인터뷰의 주된 이슈가 무엇인지 쉽게 알 수 있다. 취재원 입장에서 '이상하네? 이 질문을 왜 하지 않을까?' 싶은 경우도 물론 있다. 그럴 때에도 걱정할 필요는 없다. 기자는 반드시, 헤어진 다음에라도 전화를 하거나 한 번 더 와서 기어이 그 질문을 할 테니까.

4 탐욕스러운 태도를 보이는 기자는 좋은 기자가 아니다. 취재원에게서 원하는 답을 얻어내기 위해 사냥꾼이 사냥감을 대하듯 몰아대는 기자는 품위가 없고 요령도 없는 기자다. 이런 식으로 나오면 누구나 불쾌감을 느끼고 입을 다물어버릴 것이다. 유감스럽지만 이런 기자가 의외로 많다. 힘 있는 언론사 소속 기자일수록 강압적인 방식으로 취재원에게서 기삿거리를 빼내려는 경향이 있다. 제대로 된 기자라면 가능한 한 다양한 각도에서

여러 형태의 질문을 할 것이다. 그 과정에서 새로운 진실에 접근하게 되어 기자가 쓰려고 했던 기사의 방향이 예정하지 않았던 곳으로 향하는 경우도 있다. 그리고 그 결과는 평범하지 않은 지면으로 구현될 수 있다. 질 높은 기자는 애초의 취재 의도에 집착해 진실을 보지 못하는 잘못을 저지르지 않는다.

5 기자가 어떻게 묻는지, 그 태도를 찬찬히 관찰해보라. 괜찮은 기자라면 당신이 하는 말을 집중해서 듣고 이해가 안 가는 대목이 있으면 적절하게 되묻기도 할 것이다. 그는 취재원이 분명하게 말하기를 원한다. "그 문제에 대해서는 이렇게 말씀하셨죠? 절대 반대하고, A로 바뀌어야 한다고 말입니다"라는 식으로 확인하는 과정도 빠뜨리지 않을 것이다.

6 모든 기자가 신사적이지는 않다. 어떻게든 취재원의 답변을 얻어내 기사를 써야 하기 때문이다. 민감한 사안에 대해 물어야 할 때, 더구나 취재원과 다른 시각으로 사안을 바라보고 있는 기자는 적대적이고 공격적인 태도를 보일 수 있다. 그는 취재원으로부터 원하는 대답을 듣기 위해 협박도 서슴지 않는다. "그래요? 협조하지 않겠다는 겁니까? 그러면 이렇게 써도 될까요? '아무개 씨는 기자의 거듭되는 질문에도 불구하고 답변을 거부했다'고 말입니다" 하는 식으로.

7 긴장해야 한다. 방심하고 있다가 갑작스럽게 질문을 받으면 자칫 원하지 않는, 사실과 거리가 있는 대답을 하게 된다. 노련한 기자는 취재원의 마음을 흔드는 데 능하다. 누구나 그렇지만 어지간히 마음의 준비를 하고 있어도 단도직입적인 질문을 받으면 당황할 수밖에 없다. 취재원의 입장에서 100퍼센트를 말할 수 없는 경우가 허다하고, 말할 준비가 되어 있다

고 해도 심장을 찌르는 듯 정확하게 핵심을 질문하면 어찌할 바를 모르게 된다. 그러나 진실을 숨기는 기술에 대해 말하고자 하는 게 아니라는 점을 명심할 것. 기자는 기본적으로 취재원이 하는 말을 곧이곧대로 듣지 않는다. 그들은 '취재원은 항상 자기에게 유리한 말만 한다'라고 생각한다. 당연한 일이다. 그런 태도를 비난할 필요는 없다. 누구나 자기가 맡은 일에 충실해야 하니까.

8 유능한 기자와 인터뷰하면 즐겁다. 그는 인터뷰의 주제를 대화를 통해 풀어가면서도 풍부한 상식과 전문 지식으로 취재원의 호기심을 자극하고 감탄을 불러일으킨다. 어떤 인터뷰는 수준 높은 대화로 일관할 수 있다. 하지만 그런 기자도 맹수의 발톱 같은 날카로움을 간직하고 있다는 사실을 잊어서는 안 된다. 녹음기는 취재원의 입을 향한 채 쉬지 않고 돌아갈 것이다. 물론 녹음기의 플레이 버튼을 누르기 전에 동의를 구했겠지만.

스포츠맨을
위한 인터뷰
매뉴얼

정보화 시대의
스포츠 스타

10

'정보화사회'라는 말에 걸맞게, 운동선수는 연예인 못지않게 다양한 매체를 통해 알려져 선망의 대상으로 꼽힌다. 그래서 스포츠맨은 비교적 이른 나이에 대중의 뜨거운 관심을 받을 가능성이 크다. 때문에 이들이 인터뷰이로서 미디어와 어떻게 접촉해야 할 것인가 하는 문제가 점차 중요해지고 있다. 그런데 스포츠맨은 미디어와 접촉할 때 어떤 신체 언어로 의사를 표현하는가에 따라 대중의 입에 오르내리는 스타가 될지 안 될지가 결정된다.

인상 깊은 일화 하나가 떠오른다. 2008년 베이징올림픽에서 일약 스타로 부상한 인물은 배드민턴 남자 대표 팀의 이용대 선수였다. 그는 혼합복식 종목에서 우승한 다음 중계 카메라가 자신을 비추자 멋진 윙크로 반응했다. 올림픽 금메달리스트이자 잘생긴 그의 윙크는 한순간에 대한민국 시청자와 네티즌의 마음을 사로잡아버렸다. 그의 윙크는 승리자의 여유와 환희를 담아낸 신체 언어였다. 이용대 선수는 말로는 전달하기 어려운 그 순간을 대단히 매력적인 신체 언어로 표현했다. 그의 윙크는 순식간에 노유老幼를 가리지 않고 대한민국의 많은 여성을 팬으로 만들어버릴 만큼 위력적이었다. 이용대 선수가 보여준 사례는 미디어가 현실 세계에서 얼마나 빠른 전파력을 가지고 있는지를 단적으로 말해준다. 빠른 만큼이나 폭발적이었던 미디어 효과는 아마 이용대 선수 자신도 전혀 짐작하지 못했을 것이다. 하루아침에 그의 윙크가 문화의 아이콘이 되었기 때문이다.

운동선수는 이 같은 계기로 자신의 삶이 극적으로 바뀔 수도 있다는 가능성을 다시 한 번 생각해볼 필요가 있다. 운동선수는 오늘날의 미디어가 가진 속성과 파급효과에 관심을 기울일 필요가 있다는 말이다. 그런 까닭에 운동선수는 미디어와 접촉할 때 어떻게 대처할 것인지에 대한 생각을 평소에 잘 정리해놓을 필요가 있다.

이제, 운동선수는 자신에게 찾아온 승리의 순간에 기쁨을 만끽하는 표정과 눈빛, 마음가짐까지 준비해두어야 할지도 모른다. 그러한 트레이닝은 인터뷰어나 대중에게 자신의 매력과 한껏 고양된 인간미를 순수하게 드러내는 신체 언어 등 표현력을 기르는 데 집중되어야 한다.

대중은
왜 스포츠맨에게
열광할까

11

일반인은 일생 동안 수많은 대중으로부터 스포트라이트를 받을 기회가 거의 없다. 일반인을 대상으로 하는 '생활의 달인'과 같은 텔레비전 프로그램이 물론 있기는 하다. 그러나 이러한 프로그램은 예외적이라고 봐야 한다. 달인의 품격을 갖춘 이들이 보여주는 솜씨는 숭고하다고 할 만큼 높은 자기 직업에 대한 자부심, 삶에 대한 성실한 태도, 오랜 숙련에서 생겨난 전문가로서의 경지다. 이는 적어도 몇 년, 길게는 몇 십 년을 갈고 닦아야 하기 때문이다. 또한 일반인의 숨겨진 미담이나 선행이 심심찮게 방송을 타기도 한다. 그러나 그런 기회는 사실 대중의 삶에서 일생 동안 한 번 올까말까한 드문 경우다.

반면 운동선수는 항상 인터뷰 상황에 노출되어 있다고 해도 과언이 아니다. 운동선수는 선수 생활을 하는 동안은 물론 은퇴 후에도 대중의 끝없는 관심을 받는다.

신문이나 방송에서 보도하는 기사의 내용을 보라. 매일매일 온갖 사회적 치부와 형언하기 힘든 범죄, 어처구니없는 사건 사고가 넘쳐난다. 몇 년 전 겨울 내내 몰아쳤던 구제역 파동이나 엽기적이고도 잔혹한 사건 사고, 북아프리카와 중동을 덮친 정치적 격변같이 나라 밖에서 벌어지는 역사적 사건은 우리의 눈과 귀를 사로잡는다. 하지만 이런 보도는 우리의 눈과 귀를 지치게 만들고 '오늘은 또 무슨 일이 일어날까' 하는 조바심과 불안에 빠져들게 한다. 또한, 우리는 인간성 상실의 현실 세계에 개탄한다. 리비아 시민의 민주화 시위와 독재자 카다피 일가의 광기 어린 저항, 그리고 잔혹하고도 비극적인 종말에 이르기까지 전 세계에서 일어나는 사건 사고는 우리로 하여금 세계 종말에 가까운 파국적인 상황을 매일매일 경험하게 만든다.

시사 뉴스가 불러일으키는 이런 착잡함에 비하면, 스포츠 기사는 언제나 승패의 감정만을 야기할 뿐이다. 신문 보도나 방송에서 중계하는 스포츠 경기는 공정한 규칙 안에서 승패가 결정되는 즐거운 게임이다. 거기에다 아기자기한 기술과 반전의 드라마를 보여주며 인간 승리의 이야기를 전해준다. 그 즐거움은 피겨 여왕 김연아 선수의 화려한 빙상 윤무나 수영 스타 박태환 선수의 승리에만 있는 게 아니다. 미국 메이저리그에서 아시아 선수로는 가장 많은 승률을 올린 뒤 일본 야구로 건너갔다 돌아온 박찬호 선수, 잉글랜드 프리미어리그에서 성공적인 선수 생활을 하는 박지성 선수, 어린 나이에 독일 분데스리가에서 주목받는 손흥민 선수 등의 활약에만 그치는 것도 아니다. 이름 없이 묵묵히 훈련하고 있는 선수가 나날이 일취월장하는 실력을 보여줄 때, 그들이 동계·하계올림픽과 아시안게임, 유니버시아드 대회, 세계 선수권대회에서 놀라운 투혼을 발휘하여 값진 성과를 거둘 때, 스포츠를 통하여 대한민국의 저력을 확인하며 국민 모두는 하나가 된다.

　스포츠는 확실히 인간의 가장 적나라한 몸짓과 기술로 가장 감동적인 드라마를 만들어내며 경기자와 관람자를 하나로 묶는다. 그 마력이야말로 스포츠가 가진 힘이다. 지난 2008년 베이징 올림픽에서 왼쪽 팔꿈치의 골절을 딛고 금메달을 거머쥔 태권도 종목의 황경선 선수는 불굴의 투혼으로 대중의 뇌리에 깊이 각인되었다. 이용대 선수의 윙크만큼 반향이 컸던 건 아니지만 스포츠 스타의 활약상이 대중의 관심 속에 하나의 문화로 자리 잡는 일은 비일비재하다. 운동선수의 역동적인 모습, 경기를 승리로 끝낸 뒤 보여주는 여유와 경기장 밖에서 보여주는 인간미는 대중에게 깊은 인상을 준다. 부조리하고 부패한 사회악의 우울한 소식이 아니라 힘겨운 라이벌과의 정당한 대결을 통하여 얻어낸 값진 결과라는 점에서, 스포츠는 대중의 환호를 불러내기에 합당하고 심지어 도덕적이기까지 하다. 운동선수가 한결같이 대중의 주목을 받는 이유는 무엇일까. 극한적인 상황 속에서 드라마틱한 경기 운영 능력을 통하여 관중에게 인간 신체의 가장 고양된 아름다움과 감동을 선사한다는 점에서 스포츠는 심미적인 가치를 지니기 때문이다.

스포츠라는 신화,
인간 승리의
드라마

12

랜스 암스트롱Lance Armstrong은 2005년까지 세계적인 사이클 경기 대회인 '투르 드 프랑스Tour de France'에서 7연속 우승의 위업을 쌓은 미국의 사이클 영웅이다. 그는 1996년 발병한 고환암으로 항암 치료와 운동을 병행하면서 남다른 명성을 누린 스포츠 영웅 중 한 사람이다. 그는 현역에서 은퇴했다가 복귀한 뒤 2009년 '투르 드 프랑스'에 출전해 3위에 올랐다. 그러다가 금지 약물 복용 사실이 드러나자 2011년 2월 영구 은퇴를 선언했다. 이 사이클 영웅의 등장은 단순히 선수로서 거둔 뛰어난 성과 때문만은 아니었다. 암 투병과 병행한 선수 생활에서 거둔 대회 우승이라는 점에서 그는 인간 승리의 당사자로 거론되기 시작했고 유명세를 탔던 것이다.

랜스 암스트롱의 사례에서 볼 수 있듯이, 대중의 눈에 비친 운동선수는 특별한 존재다. 이들은 자신에게 부여된 온갖 고난과 역경을 이겨내고 경기를 통해 자신의 기량을 최고도로 발휘하여 한 편의 드라마를 쓰는 현대의 영웅이다. 한 시대를 풍미한 운동선수의 영웅담은 그 시대의 아이콘이 되기에 충분하다. 이용대 선수의 일화에서처럼, 대중이 선망하는 문화의 코드는 끝없이 변한다. 운동선수 한 사람을 향한 대중의 관심과 애정은 경기 관람에서도 잘 드러나지만, 그의 도전과 성취의 드라마는 인간의 삶을 압축적으로 보여준다. 선수가 지닌 절정의 경기력은 인간 신체가 도달할 수 있는 최대치의 미적 결정체를 뿜어낼 수 있게 해준다.

우리가 잉글랜드 프리미어리그에서 활약하는 박지성 선수를 보고 열광하는 것은 그의 성실하고 이타적인 플레이 때문만이 아니다. 그는 리오넬 메시, 크리스티아누 호날두, 웨인 루니와 같은 세계 정상급 선수와 어깨를 나란히 하며 대한민국의 경쟁력을 상징하기 때문이다. 박지성 선수가 우리의 열망과 기대를 배반하지 않고 최정상급의 축구를 하는 한 국민의 대표로서 역할을 훌륭하게 수행하기 때문에 대한민국 축구 팬은 그에게 열광하는 것이다. 그의 삶은 축구 이외에는 도무지 관심이 없다고 해야 할 정도로 남다르다.

박지성 선수가 어린 날 쓴 일기에는 패스와 상대방의 수비를 공략하는 법이 헤아릴 수 없을 만큼 많이 기록되어 있다. 거기에는 오직 축구로, 축구에 대한 열정으로 삶을 성공적으로 꾸려나가는 사람의 모습이 뚜렷하게 드러난다. 이것이야말로 삶의 내용만 다를 뿐 삶의 형식 자체가 칸트가 말하는 '무목적적 합목적성'[11]에 도달한 것이 아니고 무엇이겠는가. 또한 시즌에 따라 열리는

11 'Zweckmäßigkeit ohne Zweck'
칸트는 〈판단력비판〉에서, 아름다움에 대한 판단취미판단을 다룬다. 칸트는 '아름다운 것이란 무엇인가'라는 물음에 대해 "아름다운 것은 선의지의 쾌, 미적 쾌 등의 쾌를 벗어난 것"이라고 설명하였다. '무목적성'이라는 말은 아름다움에 대해 판단을 느끼는 사람에게 아무런 영향을 끼치지 않는다는 말이다. '합목적성'이라는 말은 아름다운 것을 판단하는 데 있어 합목적적이라는 뜻이다. 칸트에 의하면 아름다움을 느끼는 일은, 사람이 가지고 있는 구속되지 않는 자유로운 유희상태에서 오성과 상상력에 의해서 가능하다. 즉 아름다운 것은 사람이 지닌 선천적인 능력에 의해 직관할 수 있다는 것이다.

축구와 야구, 농구와 배구 등 수많은 인기 스포츠 종목 선수만이 아니라 비인기 스포츠 종목의 설움을 딛고 자신의 목표를 향해 나아가는 많은 선수에게서도 이러한 놀라운 집중력과 일반인이 미처 상상하기 어려울 만큼 간결하고 혹독한, 수도자와 같은 자기 관리의 '무목적적 합목적성'이 발견된다.

스포츠맨의
미디어
대처법

13

일반인에게 스포츠맨은 단순히 운동만 하는 전문인이 아니다. 그들은 스포츠맨이 비교적 짧은 시간에 끝나는 경기를 승리로 이끌기 위해 하루하루 혹독한 훈련을 거친다는 점을 너무나 잘 알고 있다. 일반인은 자신이 취미 삼아 하는 스포츠를 통해서 스포츠맨의 경기력이 얼마나 대단한 것인지를 체감한다. 지역별로 소위 '무림계'를 형성할 정도로 층이 두꺼운 배드민턴 동호회에서 박주봉 선수는 은퇴했으나 사람들은 여전히 그에게서 신비에 가까운 아우라를 느낀다. 박주봉 선수의 화려한 경기력은 배드민턴을 애호하는 수많은 사람에게 그가 신처럼 느껴지도록 한다.

스포츠맨의 경기는 일반인이 도달할 수 없는 최고 수준에 도달한 경기력을 선보인다. 그런 까닭에 선수의 컨디션 조절은 매우 중요하다. 하지만 경기마다 벌어지는 비신사적인 행동, 예컨대 욕설과 항의, 교묘하면서도 폭력적인 반칙, 경기장에 가래침을 뱉는 불미스러운 모습 역시 언제나 실시간으로 중계된다는 점을 한시도 잊어서는 안 된다. 일반인이건 운동선수건 간에 누군가가 늘 자신을 지켜보고 있다는 생각, 즉 '중인환시리衆人環 視裏, 많은 사람이 둘러싸고 지켜보고 있는 중'든 아니든 평상심을 유지하면서 품격 높은 경기력을 발휘하는 일이 점점 중요해지고 있다. 미디어가 만들어내는 환경 자체가 전 세계에 실시간으로 공유되고 있기 때문이다.

신문이나 방송 등을 언론 매체 또는 미디어라고 부른다. 매체나 미디어라는 말은 대중을 대신해서 사회 각 계층의 저명인사나 여러 관심 사항, 궁금한 점을 취재하여 전달하는 기관이라는 뜻이다. 그렇다고 운동선수는 신문과 방송을 너무 의식하거나 경계할 필요는 없다. 오히려 언론에 노출되는 상황을 자신에게 찾아온 기회로 삼는 지혜가 필요하다. 다만 기자는 개인 자격으로 취재를 오지는 않고 대중의 대리자 자격으로 왔다는 사실을 감안할 필요가 있다.

박지성 선수를 인터뷰하는 상황을 관찰해보자. 경기를 막 끝낸 뒤 경기장에서 보는 모습과 상당한 시간이 지난 다음 공식적으로 인터뷰할 때의 모습에서 무엇보다도 복장이 달라진 것을 확인하게 된다. 라커룸에 들어가기 전의 인터뷰 장면에서 그는 늘 땀에 젖은 운동복 차림이다. 하지만, 경기장을 나온 뒤 인터뷰 부스에서 언론과 대면하는 상황에서는 언제나 말쑥한 정장 차림이다. 이 두 가지의 복장이 뜻하는 바는 무엇일까.

박지성 선수는 프리미어리그에서 성공한 인물이기 때문에 미디어에 대한 대처법도 프로급이다. 그는 잉글랜드 프리미어리그에서 적응하던 시절에는 인터뷰 질문에 단답형으로 일관했다. 하지만 이제는 어디서나 자신감 있는 태도로 유창하게 팀을 위한 플레이를 공언하며 자신의 정체성을 당당하게 밝히는 모습으로 바뀌었다. 이러한 변화는 곧 그만큼 박지성 선수의 팀 내 입지가 높아져 있다는 점을 반증하며, 동시에 그는 스타가 갖추어야 할 인터뷰이로서의 긍정적인 모습을 보여준다.

박지성 선수와 함께 잉글랜드 프리미어리그의 맨체스터 유나이티드에서 뛰다가 스페인 프리메라리가의 명문 팀 레알 마드리드로 이적한 포르투갈 출신의 축구 선수 크리스티아누 호날두는 세계에서 가장 비싼 이적료를 기록한 최고의 '상품'이다. 그는 중학교도 마치지 못한 학력의 소유자지만 운동선수로서는 선망의 대상이다. 무엇이 그를 선망의 대상으로 만드는가. 첫째, 자기 관리의 철저함이다. 그는 자신의 신체 단련을 위해 하루 천 번의 윗몸일으키기를 한다고 한다. 참 무서운 자기 관리다. 일반인의 상상을 초월한 이 고된 훈련이 그의 전매특허인 '무회전 킥'을 낳은 셈이다. 무회전 킥은 사실 근력과 빠른 킥이 조화를 이루지 못하면 나올 수 없다고 한다. 이것이 오늘날 빠른 돌파력과 공포의 슈팅 능력을 가진 최고의 선수를 탄생시킨 일화다. 높은 상품성도 결국 철저한 자기 관리와 고된 훈련에서 만들어진 셈이다. 대중의 선망은 바로 이런 고도의 문화적 자원에서 생겨난다고 할 수 있다.

스포츠와 스포츠맨에 대한 일반인의 선망 의식은 짧은 경기의 순간에 한정된다고 단언할 수 없다. 챔피언의 자리에 오르기까지의 무성한 일화야말로 영웅의 인간미와 존경할 만한 진면목을 보여주는 대목이 아닐까. 우리가 스포츠 스타에게서 엿보고자 하는 것은 철저한 자기 관리와 극한적인 훈련 과정, 목표를 향해 정진해온 놀라운 집중력, 인간미 등이다. 경기 순간도 거기에 상응한다. 힘겨운 상대와 벌이는 사투에 가까운 대결에서 상대를 압도하고 급기야 환호작약하는 승리의 순간은 인생의 묘미를 닮아 있다. 숨 가쁜 대결에서 승리를 일구어내기까지 위태로운 순간을 가까스로 벗어나면서 반전을 거듭하는 경기 장면은 이를 바라보는 우리에게 삶의 의욕에 불을 지피는 강렬한 자극을 준다.

스포츠맨의 미디어 활용

14

미디어 세계는 대표 격인 신문과 방송만 있는 것이 아니다. 텔레비전만 해도 공중파와 케이블 방송, 인터넷 방송으로 확장되었고, 신문은 이제 종이 신문을 넘어 DMB, 스마트폰, 태블릿 등으로 전송되기에 이르렀다. 거기에다 인터넷이라는 멀티미디어에서는 개인 블로그나 홈페이지는 이미 오래전 얘기가 되었고 최근의 경향은 그보다도 더 신속한 실시간 통신으로 바뀌고 있다. 익명의 개인이 관계 맺는 방식은 유튜브나 트위터, 페이스 북 같은 소셜 네트워크에서도 잘 확인된다. 현대의 미디어는 텔레비전뿐만이 아니라 매체를 달리해서 실시간으로 경기를 중계한다. 컴퓨터나 휴대전화의 액정 화면에서도 실시간으로 중계방송을 볼 수 있는 게 최근의 정보환경이다. 이를 두고 어떤 학자는 텔레마티크télématique 사회라고 한다.[12]

무한대로 확장되는 미디어 환경에 의해 운동선수는 그 나름대로 메일이나 동영상 등을 활용해 정보화의 과실을 누리기도 하지만 그

[12] 그리스어 텔로스elos는 '실시간'이라는 의미를 갖는다. 이는 동시적으로 전개된다는 뜻이기도 하다. telephone은 동시적인 음성 대화를 뜻하는 telos와 소리를 뜻하는 phones의 합성이며, television의 vision은 실시간의 영상 또는 그림이라는 뜻이다.

반대급부도 분명하게 있다. 이름 없는 인물이 어느 날 신데렐라처럼 공주로 등극하고, 어제의 영웅이 추문으로 영원히 씻지 못할 범죄자로 전락해 버리기도 한다. K 리그의 한 선수는 득점왕이 될 만큼 최고 수준의 경기력을 발휘했지만 병역 면제를 위해 정신 질환자로 가장했다가 탄로가 나서 유치장 신세를 지는 처량한 존재가 되기도 했다. 이런 소식은 운동선수 자신에게나 스포츠계에 결정타를 가한다. 그러므로 오늘의 미디어가 가진 속성에 적응하고 대처하는 법이 중요해지고 있다. 미디어를 어떻게 내 편으로 만들 것인가 하는 문제에 대비하면 할수록 운동선수 자신에게 그만큼 유리한 셈이다.

운동선수는 대개 선수로서 활동하는 10대 후반부터 20대에 걸친 기간에 언론에 노출될 가능성이 가장 크다. 이는 통계적으로도 알 수 있다. 사회 각 분야의 청소년 집단에서 선호하는 계층은 바로 연예인이다. 하루아침에 부와 명성을 얻는 대중 스타야말로 자신의 재능과 끼를 가지고 사회적으로 추앙받는 존재가 될 수 있다는 점에서 청소년이 선망하는 대상이 되기에 족하다.

운동선수도 대중 스타로 발돋움할 수 있는 가능성이 매우 크다. 1971년 남아프리카공화국 더반에서 세계챔피언이 된 복싱의 홍수환 선수는 "엄마 나 챔피언 먹었어!"를 외치며 일약 대중의 스타가 되었다. 맨체스터 유나이티드의 박지성 선수, 수영의 박태환 선수, 피겨 여왕 김연아 선수가 누리는 대중적 인기는 정치인이 부러워할 정도이며 그들이 쌓은 부는 웬만한 중견 기업의 매출 규모를 넘어선다.

이들 운동선수가 누리는 대중적 명성과 부에는 연예인의 그것과는 다른 부분이 몇 가지 있다. 운동선수의 명성은 인간 승리의 당사자라는 조건과 엄격한 자기 관리라는 조건이 충족되어야만 얻을 수 있다. 미국의 사이클 선수 암스트롱은 암을 이겨내고 거둔 우승 때문에 더욱 빛날 수 있었고, 그의 인간 승리가 대중을 감동시켰다. 그 감동에 값하는 것이 바로 명예이고 그 뒤를 따르는 것이 부이다. 그러나 곰곰이 생각해보자. 인간 승리의 영웅을 예우하는 명예와 부는 어디에서 오는가. 그것은 수도사와 같은 철저한 자기 관리에서 온다.

운동선수는 어느 대회건 승리하는 바로 그 순간부터 자신과의 싸움을 벌이지 않으면 안 된다. 정상에 오르기보다 정상의 자리를 지키는 일이 더 어렵다는 것은 이를 두고 하는 말이다. 운동선수의 명예는 인간의 품격과 깊이 관계된다. 그의 명예는 그가 스캔들이나 범죄와 연결될 때 회복 불가능한 상태로 전락하고 만다. 연예인은 변덕스러운 대중의 인기에 연연한다. 하지만 운동선수의 경우엔 그런 양상이 전혀 아니다. 이들은 묵묵히 자신의 길을 걸어왔다는 점에서 인간적인 면모부터가 대중에게는 달리 비친다.

2010년 말, 한국의 한 방송국은 미국 프로야구 메이저리그에서 '추추 트레인'이라는 별명으로 유명한 추신수 선수의 인간 승리를 다룬 특집 프로그램을 방송했다. 텔레비전 특집에서 그는 변화와 도전을 두려워하지 않는 정신과 자신의 역할을 완벽히 수행하기 위하여 끝없이 많은 훈련을 거듭하는 성실함으로 시청자에게 깊은 감동을 주었다. 본래 투수였던 그는 메이저리그에 진입하기 전 마이너리그에서 타자로 전환하는 도전을 두려워하지 않았다. 투수가 타자로 직종을 바꾼다는 것은 자신의 기술과 특성을 새롭게 만들어내야 하는, 엄청난 부담을 감내해야 하는 선택이다. 하키 선수가 프로 골프에 도전하는 것만큼 결코 성공을 장담할 수 없는 일이 바로 포지션 변경인 것이다. 몇 년에 걸친 마이너리그 생활을 끝내고 마침내 메이저리그로 진입한 추신수 선수는 시애틀에서 불세출의 경쟁자와 대면한다.

그 경쟁자의 이름은 우리에게도 잘 알려진 일본의 천재 타자 스즈키 이치로다. 이치로는 자신의 포지션을 추신수 선수에게 양보하지 않았다. 절치부심 끝에 추신수 선수는 시애틀을 나와 클리블랜드로 이적하였고 이치로 못지않은 호타준족을 자랑하며 최고의 선수로 발돋움하기에 이르렀다. 그런 그에게 오랜 마이너리그 생활을 이겨내도록 해준 것은 가족의 사랑과 그의 성실함이었다. 그는 경기가 있는 날이면 반드시 두 시간 전에 경기장에 나가 운동 도구를 깨끗이 손질하고 상대 팀에 대한 분석에 돌입한다. 메이저리그에 진입한 뒤 한 번도 빼놓지 않았던 일상의 모습이다.

추신수 선수의 바로 이런 모습이 그를 메이저리그 굴지의 대타자로 우뚝 설 수 있게 했고, 그의 성실함과 야구에 '올인'하며 보여주는 활력이 대중에게 깊이 각인되면서 스타로서의 품격을 인정받게 된 것이다. 인간 승리라고 불러도 전혀 부끄럽지 않을 만큼 부단히 갈고닦은 실력과 이로써 도달한 최고의 자리, 최고의 대우를 받는 운동선수의 모습이 바로 추신수 선수의 모습이다. 이 같은 모습의 운동선수라면 누구나 선망할 수밖에 없다. 하지만 생각해보자. 정상에 선 추신수 선수에게서 빛나는 대목은 성실함과 자신감으로 충만한 인간의 품격 그 자체가 아닌가.그도 사람인지라 고향을 떠나 타

항살이를 하며 쌓인 외로움을 달래다가 늦은 밤 음주 단속에 걸려 망신을 당하기도 했지만.

운동선수가 스포츠 스타로 공인받기 위해서는 대중적 매력과 호소력을 갖춘 상품성이 필요하다. 그러려면 자기와의 싸움인 끝없는 훈련을 통하여 약점을 보완하고 장점을 최고로 발휘할 수 있는 몸 상태를 유지, 보존하는 일이 무엇보다도 필요하다. 연예인과 다른 운동선수의 명성은, 대중에게 다가서는 것이 아니라 대중이 다가온다는 특성을 지닌다. 성공한 운동선수는 대중이 '닮고 싶은 삶을 구현한 사람'이다. 그의 명예와 품격은 그가 속한 사회가 기대하는 드라마틱한 인간 승리를 통하여 확고해진다.

스포츠맨의
바람직한
언어 사용법

15

스포츠 경기는 언제나 극적이다. 어떤 경기에서든 싱거운 상대란 없다. 라이벌과 맞서 힘겹게 이겨내고 결승전에 오르고 힘겹게 승리를 거머쥔다. 그런 만큼 경기에는 늘 박진감이 넘치고 손에 땀을 쥐게 만드는 안타까움과 위기가 상존한다. 승리가 값진 이유는 위기를 이겨낸 끝에 얻은 성취이기 때문이다. 바로 이러한 묘미 때문에 우승한 선수는 영웅이 될 자격을 얻는다. 그런 점에서 운동경기는 인간의 삶과 그다지 다르지 않다. 삶에도 우여곡절이 많기 때문이다. 실패와 좌절을 견디며 값진 성취를 이룬 삶은 존경을 받는다. 바로 그들이 영웅이다. 운동경기도 그런 모습을 축약해서 보여준다.

그러나 모든 우승자가 대중의 찬사를 받지는 않는다. 방황과 위기, 수많은 역경을 이겨내고, 오직 인내와 노력과 실력으로 모든 난관을 극복하며 가장 강력한 경쟁자를 물리친 뒤 얻은 성공을 물거품으로 만드는 일도 비일비재하다. 이는 성공에 취해서 자기 관리를 게을리한 자에게 반드시 주어지는 업보다. 잘못된 행동에서 그런 일이 일어날 수도 있지만, 잘못된 말 한마디가 예상치 못했던 불행의 씨앗이 되는 경우도 많다.

말은 인격의 거울이라고 한다. 말 안에는 그 사람의 평소 생각과 행동의 기준이 담겨 있다. 욕설이 많으면 비천해보인다. 그러나 우아하고 세련된 언어는 그 사람을 달리 보게 만든다. 겸손한 언어 역시 마찬가지다. 높아질수록 낮아지고 낮아질수록 높아진다는 역설은 말의 세계에서 나타나는 현상이다. 골라서 사용한 말은 그만큼 인격과 품위를 더한다. 그런 점에서 스포츠맨은 자신의 언어 또한 정제할 필요가 있다. 어디 스포츠맨뿐이겠는가. 정제되고 감정이 절제된, 우아하고 품위 있는 표현은 그 사람의 이미지를 돋보이게 만든다.

인터뷰를 자신의 인간미를 보여주는 기회로 만들어라

스포츠맨이 의사소통을 하는 과정을 살펴보면 그 삶이 솔직 담백하듯이 말 또한 담백하다. 경기가 끝난 뒤 그들에게서 듣는 말은 막 끝난 경기 장면처럼 극적인 경우도 있고, 그들의 솔직 담백한 성격 때문에 선명하게 다가오는 경우도 있다. 지난 2008년 베이징 올림픽에서 남자 유도 60킬로그램급의 금메달을 딴 최민호 선수는 우승 소감을 말하는 자리에서 "라면이 제일 먹고 싶다"고 수줍게 말했다. 고된 훈련과 체중 조절의 스트레스를 이겨낸 젊은 선수의 솔직한 고백은 함축적이지만 욕구를 절제하고 이겨낸 사람에게서 느껴지는 인간미를 담고 있다.

골프선수 최경주 선수는 인터뷰이로서도 매우 뛰어난 스타다. 그의 인터뷰 기사는 읽는 사람에게 재미와 교훈을 함께 준다. 한 국내 종합 일간지와의 인터뷰에서 그는 일류 인터뷰이다운 다음과 같은 어록을 남겼다. "나는 '계단의 원리'를 좋아한다. 올라갈 때도 한 계단, 내려갈 때도 한 계단이다." 최경주 선수는 2007년 스코틀랜드의 카누스티 골프장에서 열린 브리티시 오픈 골프 대회에서 8위를 기록한 뒤 일본에서 열린 한국의 한 교회 행사에 참석했다가 국내 언론의 요청을 받고 인터뷰를 했다. 그는 "최근 두 차례 주요 대회에서 우승했는데, 메이저 대회인 브리티시 오픈 대회마저 제패했다면 여러 계단을 한꺼번에 오르는 것이다. 삶에서도 여러 계단을 한꺼번에 오를 수는 없다. 그러면 나중에 열 계단씩 한꺼번에 내려앉을 수도 있다. 자만심 때문이다"라고 말했다. 이어 "스포츠맨은 계단의 원리를 지켜야 한다. 후배들에게 꼭 해주고 싶은 얘기다"라며 인터뷰를 시작했다.

최경주 선수는 "1999년 미국 무대에 진출했을 때는 많은 설움을 받지 않았느냐"고 묻자 "몇 년 전까지 미국 프로 골프 협회PGA 투어 선수는 내가 인사를 해도 받지 않을 때가 많았다. 그러나 이젠 달라졌다. 나를 무시하지 못한다"고 대답했다. 그러면서 타이거 우즈당시 세계 1위·미국를 예로 들었는데, "타이거와는 눈만 마주쳐도 서로 인사를 하는 사이다. 연습 라운딩 때 코스에서 지나치다 얼굴을 보면 서로 모자를 벗어 인사를 한다. 내가 나이가 많으니까 어떤 때는 한쪽 다리를 들어서 쭉 뻗듯이 (장난삼아) 인사를 받기도 한다"며 웃었다. 아마도 최경주 선수는 당대 최고의 스타인 우즈조차도 자신을 무시하지 못하며 인사를 주고받는 친밀한 사이라는 점을 강조함으로써 미국 무대에서 자신이 이룬 성공을 강조하고 싶었는지 모른다. 그는 자신이 한 말에 구체성을 더하기 위하여 "타이거 우즈는 나를 '케이제이KJ'라고 부른다. 나는 그를 '타이거' 혹은 '티지TG'라고 부른다. 언젠가 내 이름으로 한국에서 대회가 열리면 그를 초청하고 싶다"는 설명을 덧붙였다. 자신이 거둔 성공을 강조하기 위해서는 구체적인 수치를 동원하여 "미국에 200명 이상의 PGA투어 선수가 있다. 2002~07년에 6승 이상 거둔 선수는 타이거 우즈, 비제이 싱, 필 미켈슨 등 여섯 명밖에 안 된다. 나도 거기에 포함된다. PGA 전체 역사를 통틀어도 내가 랭킹 20~25위 안에 든다. 그러니 그들이 이젠 나를 인정을 한다"고 말했다. 굴지의 프로 골프 선수와 어깨를 나란히 할 정도가 됐다는, 노골적인 자기 자랑이지만 결코 거만하게 느껴지지 않는 이유는 그가 뛰어난 언변으로 능숙하게 인터뷰를 해냈기 때문일 것이다. 무엇보다도 겸손하고 자상한 톤으로 대화의 분위기를 이끌어간 점이 눈에 띈다.

가령 최경주 선수는 "대회가 끝나고 곧바로 일본에 왔는데 피곤하지 않은가"라는 질문에 "스케줄은 항상 빡빡하다. 26일인터뷰를 한 날은 24일이었다 다시 미국으로 가야 한다. 오하이오에서 열리는 브리지 스톤 대회에 출전하기 때문이다. 몸이 힘든 것은 별로 문제되지 않는다. 정신적으로 힘든 게 정말 힘든 것이다. 그걸 아니까 아무리 어려운 스케줄이라도 교회의 큰 집회엔 꼭 참석한다"라고 대답하였다. 이 말은 자신의 일정이 몹시 빡빡하다는 점을 강조하면서도 골퍼로서의 일정 못잖게 중요한 삶의 또 다른 요소가 있다는 점을 지적하고, 아울러 그것이 종교와 관련됐다는 점을 부각시킴으로써 자신이 '신앙심 깊고, 종교적 신념을 행동으로 옮기기 위해 상당한 손해와 불편도 불사하는 인물'임을 드러내는 데 성공하였다. 또한 그가 중요하게 생각하는 신앙은 그의 생활과 골프 선수로서의 삶에 현실적으로 적용되어 기능한다는 점에서 구체성을 지니고 독자에게 다가간다. "신앙이 얼마나 도움이 되나"라고 구체적으로 묻자 최경주 선수는 "마인드 컨트롤에 큰 도움이 된다. 골프는 파이널 라운드로 갈수록 압박감이 심해진다. 종교가 없을 때 내가 받는 불안감의 수치를 10이라고 하자. 그런데 지금은 '5~6' 정도만 받는다"라고 명쾌하게 설명하였다.

기자는 "실제 경기에서는 어떻게 적용되느냐"고 집요하게 따라붙었다. 그러자 최 선수는 "간단하다. 드라이버로 티샷을 한 후에 페어웨이를 걸어간다. 첫 샷과 두 번째 샷, 그사이의 시간을 어떻게 사용하느냐가 다르다. 신인은 온갖 생각을 다 한다. '아이언을 꺼내서 칠까' '공이 벙커에 빠졌으니 나무를 피해서 이쪽으로 꺼낼까' '다음 샷에서는 버디를 노려야지' 등등 숱한 고민을 하며 걷는다. 그게 무너지는 이유다. 심장 박동 수가 빨라질수록 한 발짝 물러나야 한다"고 상황을 설정한 다음 "나는 골프 생각을 안 한다. 경기 운영에 대한 수읽기는 시작하기 전에 모두 끝낸다. 경기 중에 그걸 생각하면 결국 에너지만 소모하는 셈이다. 대신 나는 성경 구절을 외며 걷는다. 골프에 대한 생각을 버리기 위해서다. 외우지 못하는 구절은 쪽지에 적어 읽으면서 걷는다. 사람들은 라운드 중에 내가 쪽지를 보면 스코어 카드를 보는 줄로 알지만 성경을 읽는 것이다"라고 정리하였다. 이 말은 기자의 입장에서 볼 때 매우 중요한 정보에 속한다. 골프 스타 최경주 선수가 경기 중에 쪽지에 적은 성경 구절을 읽으며 마음을 다스린다는 기사는 독자의 흥미를 고조시킬 것이 틀림없기 때문이다.

여기서 기자는 스타를 인터뷰하는 저널리스트가 얼마나 끈질긴 사람인지를 보여준다. 그는 최경주 선수가 상당히 길게 설명했음에도 불구하고 결코 만족하는 일 없이 더 구체적인 내용을 요구하고 있다. "주로 어떤 구절을 읽느냐"라고 캐물은 것이다. 최경주 선수도 어지간하다. 마치 준비해두기라도 한 듯이 "'마음을 강하게 하고 담대하라. 두려워하지 말라. 내가 너와 함께 하겠다' 등의 구절이다. 초창기 영어가 안 될 때도 이 말씀으로 위로를 받았다. 하나님께서는 '그냥 가라. 내가 다 해주겠다'고 하셨다. 그때부터 문법보다는 입에서 나오는 대로 영어를 했다. (외국 언론에서) 내 얘기를 잘못 알아듣더라도 다 알아서 써주더라"라고 주워섬겼다. 이 정도가 되자 기자도 인터뷰를 마무리하기 위해 신앙과 관련된 질문에서는 슬그머니 발을 뺀다. 그리하여 기자의 질문은 이제 실제 경기와 관련한 심리적인 내용으로 미묘하게 전환된다. 기자는 "마지막 라운드 승부처에서 느끼는 압박감은 어느 정도인가"라고 물었고, 최경주 선수는 "백스윙에서 상체가 제대로 꼬이지 않을 정도다. 골프는 몸이 0.1밀리미터만 틀어져도 꼬임이 달라진다. 평소 거리가 200야드라면 198야드밖에 나가지 않는다. 고무줄도 냉동실에서 바로 꺼내면 굳어서 뒤틀어지질 않는다. 그게 바로 압박감 때문이다. 세포 조직에서 젖산이 너무 많이 나와 근육을 뭉치게 하는 것이다"라고 대답하였다. 당연한 일이지만 기자가 "그럴 때는 어떻게 하느냐"고 물었고, 최 선수는 "우승하는 이들을 보라. 해본 사람이 또 우승을 한다. 그런 압박감 속에서 내 몸이 어떻게 움직이는지를 100퍼센트 알기 때문이다. 그걸 먼저 알아야 한다. 그래야 다음 샷에 대한 소모적인 걱정을 버릴 수 있다"고 대가大家다운 말로 유유히 인터뷰를 마무리해가고 있다.

대단히 매끄럽게 진행된 이 인터뷰를 통하여 충분히 느낄 수 있을 정도로 최경주 선수의 인간됨은 매우 돋보인다. 그 이유는 그가 신앙이 독실한 사람이라든가, 세계 최고 수준의 골프 선수와 경쟁하는 한국 선수여서가 아니다. 물론 그런 점을 간과해서는 안 되겠지만 더 진지하게 살펴보아야 할 부분은 최경주 선수가 골프를 뒤늦게 시작했으나 남들보다 고되게 훈련하며 한국 프로 골프계를 평정하였다는 데에 있다. 진중하고 무뚝뚝한 표정 뒤에 감추어진 시련과 역경을 이겨낸 사람으로서의 인간됨은 그가 한 사람의 영웅으로 우뚝 섰음을 말해준다. 정직과 신뢰가 가는 모습은 이미 평범한 이의 수준을 넘어선다. 그가 말하고 있는 '계단의 원리'는 자신의 우승과 관련된 삶의 곡절을 축약해서 보여주는 대목이지만, 그 안에는 '노력은 배반하지 않는다'는 원리를 온몸으로 체득한 자의 각성과 자신감이 담겨 있다. 자만을 경계하며 미국 프로 골프 투어 무대에서 무시하지 못할 존재가 된 그는 타이거 우즈로부터도 그 실력을 인정받을 정도다. 그러나 경기의 압박감을 성경 구절을 외면서 이겨낸다는 그의 고백에서는 모든 인간이 가진 나약함을 자신의 신앙으로 견디어내는 면모가 드러나 인간적인 감동을 준다. '우승자의 경험은 몸이 기억하고 있다는 것', '우승은 우승해본 자의 몫'이라는 말도 정상에 오른 선수만이 할 수 있는 강력한 발언이다.

이렇게 스포츠맨은 인터뷰를 통해 일반인과는 사뭇 다른 자신의 생각과 가치관을 드러내고 정상에 우뚝 서기까지 겪었던 고난 속에서 빛을 발하는 인간됨의 면모를 드러낸다. 그 모습은 험난한 삶의 국면을 승리로 전환시키려고 모든 노력을 기울인 모습이자 오랜 경험 속에 빚어진 인격이라는 그릇의 아름다움이다.

욕설을 피하는 문화인의 모습을 갖추라

반면, 반말이나 욕설이 스포츠맨의 인격을 가리는 경우도 있다. 매우 인기 있는 스포츠맨으로서 올림픽 레슬링의 금메달리스트인 어느 해설자는 중계를 하면서 선수의 경기에 쉽게 흥분하며 감정적인 표현과 반말을 일삼아 방송 부적격 판정을 받고 퇴출되었다. 뛰어난 경기 능력과 전문적 지식, 연예 프로그램에서도 능력을 인정받을 만한 재능을 지닌 사람이었지만 부족한 표현 능력과 잘못된 언어 습관이 남다른 재능과 경험까지 가린 대표적인 경우다.

최근 신문에도 보도되었지만, 요즘의 청소년은 네 시간 동안 평균 486번 욕을 한다고 한다. 어른의 막말과 숨 막히는 입시 현실이 여과 없는 표현을 불러왔을 것이다. 욕설이 난무하는 사회에서 우리의 심성은 상처받기 쉬운 상태가 된다. 욕설은 해당자의 내면이 거칠고 즉흥적이어서 그만큼 감정을 절제하지 못하는 마음을 보여주는 창窓이기도 하다. 욕설에는 상대를 배려하는 마음이 없다. 또한 주위의 시선은 아랑곳하지 않는 폭력적인 마음이 담겨 있다. 툭툭 내던지는 욕설 앞에서 사람의 마음은 위축된다. 욕설은 정상적으로 의사를 소통할 수 있는 조건을 폐허로 만들어버린다. 스포츠맨의 입에서 튀어나오는 욕설은 그를 바라보는 이들로 하여금 인격을 의심하게 만든다. 욕설은 스포츠맨의 인상을 부정적으로 만들고 대중의 선망을 무너뜨리는 주범이 되기도 한다.

스포츠는 극단의 상황을 감내하며 승리를 쟁취해야 하는 장이다. 스포츠는 한정된 경기 규칙 안에서 오직 실력만으로 싸운다는 점에서 가장 신사적인 행위이자 선의의 경쟁을 보여주는 생생한 현장이다. 경기가 끝난 다음 승리자가 상대 선수를 위로하는 모습에서 사람들은 그의 아량과 인간적인 미덕에 감동하게 된다. 이 때문에 경기는 비신사적인 속임수나 치사한 수법을 허용하지 않는다. 선수 역시 경기의 규칙을 준수해야 한다. 비신사적인 방법으로 경기에 승리해봤자 관중의 야유만 받을 뿐이다. 그런 점에서 스포츠는 고급스러운 문화인 동시에 날것 그대로의 삶이다.

인간의 의사소통에서 언어적 표현만큼이나 중요한 것이 비언어적인 의사소통이다. 비언어적인 의사소통으로는 자신감 있고 분명한 발음, 편안한 어조, 상대를 바라보는 시선, 복장, 태도 등을 들 수 있다. 불분명한 발음과 일관되지 않은 어조, 빠른 말투, 상대를 보지 않는 태도 등은 언어적 의사소통을 방해할 뿐만 아니라 다른 이들에게는 말하는 사람의 인간적 품격을 의심하도록 만든다.

한 배우의 인터뷰를 통해서 배우라는 직업인에 대한 인식을 새로이 할 기회가 있었다. 그는 영화나 드라마에서 악역보단 선량한 역을 주로 맡는 연기자였다. 그는 인터뷰에서 자신이 악역을 맡았을 때보다 선한 역을 맡아 연기할 때 대중에게 기쁨과 웃음을 준다는 점에 깊이 감사한다고 했다. 선한 배역과 그의 인간성이 반드시 일치한다고 할 수는 없겠지만 배우로서의 철학은 매우 인상적이었다. 우리가 인터뷰에서 접하는 이들은 대중이 그에게서 개성과 안목, 알려지지 않은 인간성을 보고 싶어 하는 이들이다. 그에게서 빛나는 감성과 윤리, 통찰력 있는 논리를 찾을 때 우리는 매우 즐겁다.

아리스토텔레스는 '말하기'의 기본 조건으로 '에토스', '파토스', '로고스' 등 세 가지 요소를 들었다. 에토스란 상식처럼 일상을 지배하는 판단의 척도인 윤리이고, 파토스란 인간의 정서, 로고스는 논리를 말한다. 오래된 지혜로 거론되는 사상가나 성현은 모두가 진리에 대한 깊은 통찰을 지극히 평범한 표현에 담아냈다. 심오한 진리가 평범한 표현을 얻지 못했다면 사람들에게 큰 울림을 주었을까.

자신의 좌우명으로 인격을 드러내라

1980년대만 해도 이발소에 가면 큰 거울 위나 출입구 위에 낡은 액자가 걸려 있었다. 그 액자에는 '가화만사성家和萬事成'이나 '정신일도 하사불성精神—到何事不成' 같은 낯익은 구절이 씌어 있었고, 배경 그림은 서양식 풍경화나 어미젖을 빠는 돼지 새끼의 그림이 많았다. 아주 가끔은 "생활이 그대를 속일지라도 슬퍼하거나 노하지 말라"라는 푸시킨의 시가 적혀 있기도 했다. '가화만사성'이나 '정신일도 하사불성'은 한문 성어인 동시에 몇몇 집안의 가훈이기도 했다. 우리네 관습에 따르면 어지간한 집안이면 대개 가훈을 가지고 있었다. 왜 가훈이나 액자에 쓰인 글귀가 소용되었는가. 거기에는 선비의 훈향薰香 같은, 서양식으로 말하면 오랜 귀족 문화가 지녀온 문화적 아우라가 담겨 있다.

인터뷰는 대단히 짧은 시간에 벌어지는 퍼포먼스이기 때문에 압축적이고 요약적인 표현으로 상대방에게 깊은 인상을 줘야 한다. 평소 자신의 인생관이나 가치관을 담아 삶의 흔들리지 않는 목표로 삼는 것, 즉 좌우명은 그 사람의 인격을 드러내는 징표와도 같다. 사전적인 의미로 '좌우명座右銘'은 '늘 자리 옆에 갖추어두고 가르침으로 삼는 말이나 문구'다.

'우공이산愚公移山'이란 말이 있다. 《열자列子》 '탕문편湯問篇'에 등장하는, 어리석은 영감이 산을 옮긴다는 사자성어로 '쉬지 않고 꾸준하게 한 가지 일만 열심히 하면 마침내 큰 일을 이룰 수 있음'을 비유한 말이다. 남에겐 어리석게 보이는 일일지라도 포기하지 않고 매진하며 끝까지 노력하면 언젠가는 목표에 이를 수 있다는 의미로 사용되는 말이다. 한자 성어에 담긴 유래를 살펴보면 다음과 같다.

중국의 태항산太行山·왕옥산王屋山은 둘레가 700리나 되며 기주冀州 남쪽과 하양河陽 북쪽에 있는 산이다. 두 산 사이에 있는 산골 마을 북산北山에 거주하던 우공愚公이란 사람은 90세 가까운 나이에, 높은 두 산이 가로막혀 돌아서 다녀야 하는 불편을 덜기 위해서 자식을 불러 모아 놓고 의논한 끝에 두 산을 옮기기로 결정하였다.

흙을 발해만渤海灣까지 운반하는 데, 한 번 오가는 길이 1년이나 걸렸다. 이 광경을 본 친구 지수智叟가 웃으면서 만류했다. 그러자 우공은 친구의 만류에 정색하면서, "나는 늙었지만 내겐 자식도 있고 손자도 있네. 그 손자는 또 자식을 낳아 자자손손 한없이 대를 이을 걸세. 그렇지만 산은 더 높아질 일이 없지 않겠나. 그러니 언젠간 산이 있는 자리가 평평하게 될 날이 올 걸세"라고 답했다. 친구는 그만 말문이 막혀버렸다.

그런데 우공의 말을 들은 산신령이 산을 허무는 사람의 노고가 계속될까 겁이 나서 옥황상제에게 가서 우공의 역사役事를 말려달라고 간청했다. 옥황상제는 우공의 정성과 노고에 감동한 나머지 힘센 과아씨의 아들을 시켜 두 산을 들어, 하나는 삭동朔東으로 옮기고 다른 하나는 옹남雍南에 옮겨놓게 했다. 우공의 터무니없는 바람은 현실로 바뀌었다.

스포츠맨이 자주 겪는 슬럼프는 경기력 향상에 매진하는 생활이 마음먹은 대로 지속되지 못하는 데서 생겨난다. 의지의 나약함 때문만이 아니라 감독이나 코치, 동료 선수와의 불화, 질병과 부상 등 다양한 조건 때문에 겪는 육체적, 정신적 가슴앓이에서 슬럼프가 초래된다. 이를 극복하고 스포츠맨은 짧은 경기 시간 안에 폭발적인 경기력을 발휘해야 한다는 점에서 고도의 집중력을 평소 단련해야만 한다. 이때 소용되는 게 좌우명이다.

좌우명으로 삼을 만한 좋은 구절은 많고 많다. 하지만 많은 이들이 너무 자주 인용해서 낡아버린 표현은 피하는 편이 좋다. 정신적 지침으로 삼을 만한 구절은 한 권의 책 속에서, 다른 이의 훌륭한 정신적 자세에서 구해도 무방하다. 다음에 열거한 좌우명은 한자 성어는 아니다. 하지만 쉬운 표현 속에 '사람다운 삶을 살고자 노력하는 사람의 자세'라는 가치를 담아내고 있다. 스포츠맨인 당신은 어떤 좌우명을 고르겠는가.

1 남의 호감을 얻으려 애쓰지 말라.
2 전진하기 위해 외적인 상황에 의존하지 말라.
3 일과 삶이 조화를 이루도록 하자.
4 험담하는 이를 멀리하라.
5 모든 이에게 친절하라.
6 선택과 집중.

7 나와 대등하거나 나보다 나은 사람으로 인간관계를 맺어라.

8 돈 때문에 하는 일이 아니라면 돈 생각은 아예 잊어라.

9 나의 권리를 다른 사람에게 넘겨주지 말라.

10 포기하지 말라.

스포츠맨의
미디어
인터뷰 공략

16

인터뷰의 가치는 다음과 같이 거론되기도 한다.

　박성희는《미디어 인터뷰》라는 저서에서 인터뷰의 가치와 의미에 대해
설명하였다. 그는 "미디어 인터뷰는 기자가 끈질기게 추구하는 6하의 세
계, 그러니까 '누가', '언제', '어디서', '무엇을', '어떻게', '왜'라는 6개의
구성요소 중에서 '왜'와 '어떻게'를 채워 넣어 이야기가 풍성해지도록 도
와준다"고 명쾌하게 정리하였다. 여기에 "'누가', '언제', '어디서', '무엇
을'이라는 메마른 사실ₜₑₓₜ의 뼈대 위에 '왜'와 '어떻게'로 집약되는 배경과
맥락, 사상과 감정이라는 피가 돌고 살이 돋아나기 시작한다. 몇 줌 활자의
모음에 불과한 기사가 비로소 사람의 목소리를 내고, 사람의 표정을 띠게
된다. 그래서 인터뷰를 함으로써 기사는 좀 더 실제 현실과 가까워진다"[13]
고 설명함으로써 이해를 분명하게 해주었다. 이 정리는 더할 것도 뺄 것도

없는 팩트fact 그 자체로서 가치를 지닌다.

　박성희는 취재의 기본은 결국 인터뷰라고 단언한다.

13 박성희, 《미디어 인터뷰》,
나남 출판, 2003, p6.

서로 마주 보며 이야기를 통해 정보를 캐내는 일은 지금 이 순간에도 지구 곳곳에서 벌어지고 있다고 적었다. 어디까지나 현장을 누비는 기자의 시점에 고정돼 있기는 하지만, 이는 틀림없는 사실이다.

그렇다면 인터뷰를 당하는 사람, 즉 인터뷰이의 입장에서 인터뷰는 대체 어떤 의미와 가치를 지닐까? 인터뷰가 단지 자신이 소유한 정보를 누군가에게 제공하는 행위로 끝나버린다면, 인터뷰이에게 주어지는 보상은 무엇일까? '나의 진심을 전달한다?', '나의 주장을 널리 알린다?' 그러나 사실 인터뷰에 응하는 일은 생각만큼 단순한 동기와 필요를 동반하지 않는다. 좀 더 오묘하고 깊이가 있는 동기와 필요, 세상을 살아가는 개인과 집단의 전략이 인터뷰에 숨어 있는 것이다. 그 구성 요소와 방법에 대해서는 이 책의 뒷부분에서 다루기로 한다.

박성희는 인터뷰를 단지 기자의 실무적 테크닉으로만 간주하지 않는다. 그는 좀 더 객관적으로 인터뷰가 갖는 의미와 결과에 대해 기술하기도 했다. 가령 "인터뷰는 실용적 도구이기 이전에 커뮤니케이션 현상"[14]이라는 대목이다. 커뮤니케이션이란 간단하게 '의사소통' 정도로 이해할 수도 있지만, '정보의 교환'이라는 가치와 '인간의 대화'라는 미덕이 어우러져 매우 복합적인 세계를 함께 호흡하는 것이다. 보기에 따라서는 인터뷰란 단순하게 대화의 형식으로 이루어지는 기자의 취재 행위가 아니라 대화 그 자체다. 기사화라는, 즉 대화의 결과물이 기사라는 형태로 추출되는 것은 별도의 과정을 거치는 화학반응과 같다.

인터뷰라는 형식 속에서 이뤄지는 대화는 매우 긴 시간을 필요로 할 때가 많다. 인터뷰어와 인터뷰이는 시간의 터널 속을 함

14 박성희, 같은 책, p13.

께 지나 대화의 종착점을 향하여 걸어간다. 인터뷰로 결정結晶되는 기사란 사실 두 사람이 만드는 합의이기도 하고, 결코 해소 못할 간격의 확인일 수도 있다. 그래서 가끔은 인터뷰이가 일련의 증거물 내지는 사례를 제시하며 적극적으로 인터뷰어를 설득하는 상황이 벌어진다. 오늘날 이는 점점 잦아지는 추세다.

인터뷰라고 하면 매우 형식적인 취재 형식이라고 생각하기 쉽지만 꼭 그렇지만은 않다. 그리고 인터뷰가 단지 신문이나 방송의 보도를 위한 도구라고 생각하면 오해다. 여행 이외의 목적으로 미국에 입국하기 위해 한국인은 미국 대사관에 가서 몇 가지 질문에 대답한 다음 미국 비자를 발급받는다. 이때 흔히 '비자 인터뷰'를 했다고 말하지 않는가. 대학을 졸업하고 기업에 입사하려는 사람은 서류 전형이나 필기시험에 합격한 다음 면접을 보게 된다. 이 면접 역시 인터뷰다. 요즘 젊은이는 이러한 인터뷰를 할 때, 또는 인터뷰에 앞서 서류 전형을 위해 양식을 작성할 때 흔히 '포트폴리오'를 내놓는다. 주로 자신의 실적과 경험을 뒷받침하는 자료인 셈인데, 이 포트폴리오가 인터뷰 현장에서 인터뷰어에게 강한 인상을 심어주기도 한다.

인터뷰
포트폴리오
짜기 1

17

무엇보다도 우리는 일상을 영위하면서 의외로 자주, 또한 의식하지 못하는 사이에 인터뷰를 한다. 때로는 인터뷰어가 되기도 하고 때로는 인터뷰이가 되기도 한다.

자, 상상해 보자. 나는 서울 종로구 부암동의 고갯마루 가까운 곳에 사는 호기심 충만한 늙은 선비다. 그리고 지금 이 책을 읽는 독자는 저 파주 어느 곳에선가 주경야독하며 청운의 꿈을 키워 온 청년 선비다.

두 사람은 과거 시험이 끝나고 급제자까지 발표된 지 얼마간 시간이 지난 다음에야 얼굴을 마주하게 된다. 독자^{파주} 선비는 애석하게도 급제하지 못했지만 다음을 기약하며 도성 곳곳을 둘러보다가 저녁 늦게 고개 넘어 파주로 가는 길을 재촉한다. 그러다 느닷없는 비바람을 만나 몸을 피할 곳을 찾던 중에 내 집 앞을 지나게 되었고, 흔히 사극에서 그러하듯 "이리 오너라~"를 외치고 말았다.

과거 시험을 보아 팔자를 고치기에는 너무 늙어버렸지만 학문과 세상에 대한 호기심으로 충만한 나는 반갑게 젊은 선비를 사랑채에 들이고, 두 사람은 술 한 주전자를 사이에 두고 앉는다. 아름다운 장면이다. 하지만 늙은 선비가 공짜로 술과 안주를 대접하겠는가? 나늙은 선비는 의식적으로든 무의식적으로든 많은 것을 묻고, 젊은 선비의 대답을 듣고자 할 것이다. 과거 시험에 나온 문제는 무엇인지, 도성에 떠도는 소문을 듣지 않았는지, 책방에 새로 들어온 책은 없는지, 색주가에서 요즘 잘나가는 기생은 누구인지, 젊은 선비의 집이 있는 파주의 문사는 어떤 사람인지, 그들 사이에 오가는 대화의 주제는 무엇인지…. 모름지기 공짜 점심도, 공짜 저녁도 없는 법이다. 그런데 늙은 선비와 과거 시험에 낙방한 젊은 선비의 대화는 미상불 인터뷰의 형식으로 이루어질 것이다. 늙은 선비는 연장자인데다가 학문에서도 선배인 셈이고, 젊은 선비는 지나가는 나그네로서 늙은 선비의 집에서 하룻저녁을 유숙하며 신세를 지고 있다. 젊은 선비는 귀찮기는 하지만 약간의 입품을 팔아 미안하고 고마운 마음을 대신하는 것이 좋다고 느낄 것이다.

늙은 선비는 젊은 선비의 말을 들을 때 단지 그 메시지만을 듣지 않는다. 그가 하는 말을 들으면서 그 학문의 깊이를 짐작할 것이다. 인품을 짐작하고, 냉정한 사람인지 정감 있는 사람인지 가늠하며, 인내력이 강한지 약한지, 야심이 큰지 작은지, 건강한 사람인지 아닌지, 효심과 충성심이 강한 사람인지 아닌지 등을 분간할 것이다. 젊은 선비가 하는 말은 그의 태도와 얼굴 표정과 목소리의 높낮이 등, 메시지 이외의 요소와 더불어 늙은 선비의 의식 속에 차곡차곡 쌓여갈 것이다.

세상 대부분의 대화가 이런 인터뷰의 형식으로 이루어진다는 것을 염두에 두자. 인터뷰를 포함한 인간의 대화는 메시지의 교환을 가능하게 한다. 거기에다 감정도 담겨 있어 깊은 의사소통이 이루어진다.

소설 작품은 의사소통의 본질과 생생한 모습을 잘 보여준다. '삶의 가장 정밀한 보고서'라고 표현하는 소설에는 등장인물을 설명해주는 가장 세밀한 내용이 담긴다. 작가는 관찰을 통해서 특정한 시대에 있었음직한 인물과 사건을 만들어내고 그 안에 자신의 생각을 불어넣는다. 작품에서는 작가가 의사소통의 현상을 잘 이해하고 글로 표현한 내용이 넘쳐난다. 이런 부분에서 사람의 속마음까지 꿰뚫어 보여주는 대화, 곧 인터뷰의 본질을 발견할 수 있다.

춘원 이광수1896~1950의 장편소설 《무정》을 예로 들어보자. 《무정》은 1917년 조선총독부 기관지인 〈매일신보每日申報〉에 총 126회에 걸쳐 연재된 뒤 1918년 7월 신문관 · 동양 서원에서 단행본으로 간행되었다. 신문 연재 기간 동안 이미 많은 독자의 관심을 받았고, 문학사적으로는 한국 최초의 근대 장편으로 분류된다. 작가 이광수는 이 작품에서 과학과 교육을 통해 민족을 구원할 수 있다는 자신의 생각을 분명히 드러냈다. 소설의 내용은 다음과 같다.

서울 경성 학교의 영어 교사 이형식은 미국 유학을 준비하는 김 장로의 딸 선형에게 영어를 가르친다. 수업을 마치고 집에 돌아와보니 스승 박진사의 딸이자 정혼자인 박영채가 와 있었다. 형식은 7년이나 그녀를 보지 못하였다. 박영채는 신식 학교를 운영하던 아버지 박진사와 오빠들이 감옥에 갇히고 집안이 몰락하자, 부친을 부양하기 위해 기생이 된다. 아버지와 오빠들이 옥사하자 영채는 의지할 가족이 없게 되었다. 7년 만에 형식을 만난 영채는 형식에게 그동안 있었던 비극을 말한다. 형식은 영채에게 동정심을 느끼고, 기생 명부에서 그녀의 이름을 지우려 하지만 천 원이 없어서 머뭇거린다. 그사이에 영채는 경성 학교 학감인 배명식과 경성 학교 교주의 아들 김현수 일당에게 겁탈당한다.

정혼자인 형식과 결혼하기 위해 수절하던 영채는 절망감에 빠져 대동강에 몸을 던져 죽으려고 형식에게 유서를 남긴 채 평양행 기차에 오른다. 이를 안 형식이 영채를 뒤따라 평양행 기차에 올라타지만 영채를 만나지도, 그녀의 시체를 찾지도 못한다. 다시 상경한 형식은 '기생을 따라다니는 선생'이라는 손가락질을 받고 학교를 그만두고 만다. 한편 형식을 좋게 본 김 장로는 그를 사윗감으로 점찍고 교회 목사를 통해서 의사를 묻는다. 형식은 (죽었을지도 모르는) 영채에 대한 의리와 선형에 대한 사랑 사이에서 갈등하다 결국 선형과 약혼한다.

한편, 박영채는 평양으로 가는 기차 안에서 우연한 일로 도쿄 유학생 김병욱을 만난다. 병욱은 영채를 자신의 황주 집에 데려다가 자신의 삶을 개척하도록 설득한다. 이윽고 영채는 병욱의 권고를 받아들여 자살하려는 마음을 거두고 도쿄로 유학하기로 결심한다. 영채는 병욱과 함께 일본 유학길에 오른 기차 안에서 미국 유학을 떠나는 형식과 선형을 만난다.

이들은 심한 심리적 갈등을 벌이며 불편한 상황에 빠진다. 하지만 홍수 탓에 낙동강이 범람해 수재를 당한 삼랑진에서 기차가 네 시간 동안이나 발이 묶이고 일행은 자선 음악회를 열어 수재 의연금을 모으기로 의기투합한다. 이들은 유학을 가서 어떤 공부를 할 것인지 토론하고 민족을 위해 헌신하겠다는 결심을 굳힌다. 소설은 긴 시간이 지난 뒤 주인공의 활약을 소개하며 끝난다.

소설 《무정》의 여러 곳에서 인터뷰와 유사한 대화의 형식과 내용이 발견된다. 소설이 시작되는 부분에서는 형식이 김 장로의 딸 선형을 처음 만나 영어를 가르치면서 몇 가지 묻는 장면이 나온다. 요즘으로 치면 외국어를 가르치는 학원에서 수강생의 수준을 가늠하는 면접 인터뷰를 진행하는 장면인 셈이다.

장로와 부인은 저편 방으로 들어가고 형식과 두 처녀가 마주 앉았다. 형식은 힘써 침착하게,

"이전에 영어를 배우셨습니까."

하고, 이에 처음 두 처녀의 목소리를 듣게 되었다. 그러나 두 처녀는 고개를 숙이고 아무 대답이 없다. 형식도 어이없이 앉았다가 다시,

"이전에 좀 배우셨는가요."

그제야 선형이가 고개를 들어 그 추수같이 맑은 눈으로 형식을 보며,

"아주 처음이올시다. 이 순애는 좀 알지마는."

"아니올시다. 저도 처음입니다."

"그러면 에이, 비, 시, 디도…? 그것은 물론 아실 터이지오마는."

여자의 마음이라 모른다기는 참 부끄러운 것이라 선형은 가지나 붉은 뺨이 더 붉어지며,

"이전에는 외웠더니 다 잊었습니다."

"그러면 에이, 비, 시, 디부터 시작하리까요?"

"네" 하고 둘이 함께 대답한다.

"그러면, 그 공책과 연필을 주십시오. 제가 에이, 비, 시, 디를 써드릴 것이니."

선형이가 두 손으로 공책에다 연필을 받쳐 형식을 준다. 형식은 공책을 펴놓고 연필 끝을 조사한 뒤에 똑똑하게 a, b, c, d를 쓰고, 그 밑에다가 언문으로

"에이."

"비."

"시."

하고 발음을 달아 두 손으로 선형에게 주고 다시 순애의 공책을 당기어 그대로 하였다.

"그러면 오늘은 글자만 외기로 하고 내일부터 글을 배우시지요. 자 한번 읽읍시다. 에이."

그래도 두 학생은 가만히 있다.

"저 읽는 대로 따라 읽읍시오. 자, 에이, 크게 읽으셔요. 에이."

형식은 기가 막혀 우두커니 앉았다. 선형은 웃음을 참느라고 입술을 꼭 물고, 순애도 웃음을 참으면서 선형의 낯을 쳐다본다. 형식은 부끄럽기도 하고 답답하기도 하여 당장 일어나서 나가고 싶은 생각이 난다. 이때에 장로가 나오면서,

"읽으려무나, 못생긴 것. 선생님 시키시는 대로 읽지 않고."

그제야 웃음을 그치고 책을 본다. 형식은 하릴없이 또 한 번,

"에이."

15 이광수, 《무정》, 글누림,
2007, pp20~21.
16 박성희, 같은 책, p16.

“에이.”

“비.”

“비.”

“시.”

“시.”

이 모양으로 “와이” “제트”까지 삼사 차를 같이 읽은 후에 내일까지 음과 글씨를 다 외우기로 하고 서로 경례하고 학과를 폐하였다.[15]

‘서로 마주 보며 이야기를 통해 정보를 캐내는 일은 지금 이 순간에도 곳곳에서 벌어지고 있다.’[16] 이광수의 소설 곳곳에 ‘서로 마주 보며 이야기를 통해 정보를 캐내는 일’이 등장한다. 소설 속에서 형식은 인터뷰어가 되어 인터뷰이인 선형과 순애에게 이전에 영어를 배운 일이 있는지, 어느 정도 기초 지식을 익혔는지를 묻고 있다. ‘서로 마주 보며 이야기를 통해 정보를 캐내는 일’은 사실 우리 삶의 기본적인 구성 요소인지도 모른다. 그러기에 인생을 표현하는 소설 작품에 ‘서로 마주 보며 이야기를 통해 정보를 캐내는 일’이 그토록 많이 등장하는 것이다.

《무정》에서 박영채가 대동강에 빠져 죽기 위해 평양으로 가는 기차를 탔다가 김병욱을 만나는 장면에서도 서로를 알기 위한 인터뷰가 진행된다. 병욱은 인터뷰어이며, 영채는 인터뷰이다. 몇 마디 대화 끝에 영채는 병욱에게 자기가 죽기 위해 평양으로 가고 있음을 고백한다.

부인은 슬쩍 영채의 눈을 보더니, 속으로 ‘네가 이것을 모르는구

나' 하면서 영채에게 먹기를 권하며,

"어디로 가십니까?" 하고 자기 먼저 하나를 집어먹으며, "자 잡수 서요" 한다.

"평양 갑시다(갑니다)" 하고 영채도 한쪽을 집어서 그 부인이 먹 는 모양으로 먹었다. 처음에는 어떻게 먹는 것인지 몰랐었다.

"댁이 평양이시야요?" 하고 부인은 또 하나를 집는다. 영채는 어 떻게 대답할지를 몰랐다. 나도 집이 있나 하였다. 그러나 집이 있다 하면 노파의 집이다 하여 고개를 돌리며, "네, 평양 있다가 지금 서울 와 있어요" 하고 영채는 집었던 것을 다 먹고 가만히 앉았다. "자, 어 서 잡수서요" 하고 부인이 집어줄 때에야 또 하나를 받아먹었다. 별 로 맛은 없으나 그새에 낀 짭짤한 고기 맛이 관계치 않고 전체가 특 별한 맛은 없으면서 무엇인지 알 수 없는 운치 있는 맛이 있다 하였 다. 부인은 또 한쪽을 집어 안팎 옆을 한번 뒤쳐 보며,

"그런데 방학이 되었어요?"

나를 여학생으로 아는구나 하고 한껏 부끄러웠다. 그리고 이 일본 부인이 어떻게 이렇게 조선말을 잘하나 하다가 너무도 조선말을 잘 함을 보고 옳지 일본 가 있는 조선 여학생이로구나 하면서,

"아니야요. 잠깐 다니러 갑니다. 저는 학교에 아니 다녀요."

"그러면 벌써 졸업하셨어요. 어느 학교에 다니셨어요. 숙명이요, 진명이요?"

"아무 학교에도 아니 다녔어요."

이 말에 그 부인은 입에 떡을 문 채로 씹으려고도 아니 하고 우두

커니 앉아서 영채를 본다. 그러면 이 여자는 무엇일까 하였다. '남의 첩'이라는 생각도 난다. 학교에 아니 다녔단 말에 다소 경멸하는 생각도 나고 또 그것이 어떤 계집인지 알아보고 싶은 호기심好奇心도 난다. 그러나 어떻게 물어보아야 할지를 한참 생각하다가,

"그러면 평양에는 친척이 계셔요?"

영채도 어떻게 대답을 할 것인지 모른다. 오늘 저녁이면 죽어버리는 몸이요, 또 이 부인이 이처럼 친절하게 하여주니 자초지종을 있는 대로 이야기하고 싶기도 하나 그래도 말을 내기가 부끄럽기도 하고 또 어디서부터 어떻게 시작할 것인지를 몰라 떡을 든 채로 고개를 숙이고 잠자코 앉았다. 부인도 가만히 앉았다. '이 여자에게 무슨 비밀이 있구나' 하매 더욱 호기심이 일어난다. 그러나 영채의 불편하여 하는 것을 보고 말끝을 돌려,

"제 집은 황주야요. 동경 가서 공부하다가 방학이 되어서 돌아옵니다. 쟤는 제 동생이구요."

영채는 다만, "네―" 하고 그 소년을 보았다. (중략) 영채는 마침내 자기의 걸어앉은 무릎 위에 이마를 대고 울었다. 그 여학생은 영채의 곁으로 옮아앉아 영채를 안아 일으키면서,

"여봅시오, 왜 그러셔요?"

영채는 자기의 가슴 밑으로 들어온 그 여학생의 손을 꼭 쥐어다가 자기의 입에 대며 엎딘 채로,

"형님, 감사합니다. 저는 죽으러 가는 몸이야요. 아아, 감사합니다." 하고 더 느낀다.

"에?" 하고 여학생은 놀라, "그게 무슨 말씀이야요? 왜, 무슨 일이야요. 말씀을 하시지요. 힘 있는 대로는 위로하여 드리지요. 왜 죽으려고 하셔요. 자 울지 말고 말씀합시오. 살아야지요. 꽃 같은 청춘에 즐겁게 살아야 하지요. 왜 죽으려 하셔요?" 하고 수건으로 영채의 눈물을 씻는다.[17]

17 이광수, 같은 책, pp341~344.
18 〈한국체육대학보〉 179호, 2011. 9. 9.

이광수의 소설 《무정》은 인터뷰의 이치를 탐색하는 우리에게도 매우 다양한 사고의 실마리를 제공하는 흥미로운 작품이다. 인터뷰를 '서로 마주 보며 이야기를 통해 정보를 캐내는 일'이라고 단순하게 여기면 곤란하다.

우리가 인터뷰이의 입장에서 기자를 상대한다고 가정할 때, 인터뷰어인 기자는 가끔 인터뷰할 상황이 아닌데도 정보를 수집하여 관련 자료로 삼거나 아예 인터뷰의 핵심을 이해하는 열쇠로 삼는다. 인터뷰어가 관찰자로서 인터뷰이가 인터뷰이가 아닌 사람과 나누는 대화 장면을 포착해 인터뷰 안에 녹이거나, 그의 프로필을 분명히 하는 데 활용하기도 한다.

다음에 소개하는 기사[18]는 인터뷰라기보다는 자기 소감을 소박하게 드러내고 있는 글이다. 이 글에서는 대학 재학생 스포츠맨의 생생한 육성을 들을 수가 있다. 의도적이고 전략적인 인터뷰가 아니라 풋풋한 열정과 선수로서의 자긍심을 가감 없이 보여주고 있어서 소개해보기로 한다.

제26회 하계 유니버시아드 대회 인터뷰 편집자 주

지난 2011년 8월 12일부터 23일까지 중국 선전에서 제26회 하계 유니버시아드대회가 열렸다. 대회에 참가한 선수의 육성을 싣는다.

다음 목표는 아시안게임!

석지현 양궁 컴파운드 단체 금, 체육학과 08

두 번째로 출전한 유니버시아드대회에서 금메달을 목에 걸 수 있어서 정말 기쁩니다. 그것도 양궁 강국인 러시아를 꺾었다는 것은 그간에 피땀 흘린 노력의 결과로 생각하며, 이제 한국이 컴파운드 종목에서도 두각을 나타내고 있다고 생각해요. 단체전에 출전한 대표 팀 언니들도 단체전에서 금메달 획득을 제일 바랐는데 계획한 것처럼 되어서 좋습니다.

이번 대회를 준비하면서 합동훈련 기간이 일주일 정도였습니다. 호흡을 맞추는 데 어려운 점이 있었습니다. 하지만 저를 비롯해 언니들도 서로를 선의의 경쟁 상대로 생각하고 연습했습니다. 그래서 이렇게 좋은 결실을 맺을 수 있었던 것 같아요.

얼마 전 컴파운드가 아시안게임에 정식 종목으로 채택되어 새로운 목표가 또 하나 생겼습니다. 바로 아시안게임에서 메달을 획득하는 것입니다. 또 졸업 후에는 세계 선수권대회에 출전하여 좋은 성적을 거두는 것도 목표입니다.

제가 양궁을 좋아하는 이유는 다른 종목처럼 힘과 스피드만 이용하는 경기가 아니라 경기하는 사람은 물론 보는 사람까지도 마지막 한 발까지 긴장하게 만드는 짜릿함을 가진 종목이기 때문입니다. 이렇게 매력적인 양궁 컴파운드 종목이 앞으로 올림픽에도 정식 종목으로 채택되어 제가 출전하는 게 저의 꿈입니다. 앞으로 학우의 많은 관심과 응원 부탁드려요.

아쉬움이 많이 남는 이번 대회

김경태 유도 100킬로그램 동메달, 체육학과 08

'제26회 하계 유니버시아드 대회'는 제가 출전한 첫 국제 대회였습니다. 경기는 생각보다 반칙도 심했고 격렬했습니다. 경기에서 귀가 찢어지는 부상도 입었습니다.

동메달이라는 값진 메달을 얻었지만 기대에는 미치지 못해서 아쉬움이 남습니다. 이번 대회를 준비하는 과정에서 힘들었던 점은, 대회가 얼마 남지 않았을 때 해양 훈련에 참가하고 종강하면서 학교에서 운동하는 날이 줄어들었던 점입니다. 저는 부족한 훈련 시간을 메우기 위해 대회를 앞두고 집에도 안 가며 훈련에 열중했습니다. 유도는 상대가 필요한 운동이라 상대를 찾기 위해 선수촌과 타 대학 등 이곳저곳 훈련 상대를 찾아다닌 것이 힘들었습니다.

제 목표는 다가올 1차 국가 대표 선발전을 통과해서 국가 대표가 되는 것입니다. 또한 곧 있을 '대통령 배'에서도 좋은 성적을 거두고 싶습니다.

에어로빅과 스포츠의 특별한 만남

이준규 에어로빅 댄스 단체 동메달, 레저 스포츠학과 10

이번 유니버시아드 대회에 '에어로빅 댄스' 종목이 처음 채택되었고 제가 출전해 좋은 성적을 거두게 되어 매우 기쁩니다. '에어로빅 댄스'는 에어로빅 체조와는 달리, 신나는 음악에 맞춰 에어로빅과 함께 경기 중반부터 댄스 안무가 들어가기 때문에 훨씬 역동적인 스포츠입니다.

중학교 3학년 때 운동을 처음 시작했고, 고등학교 2학년 때 미국 NAC 월드 시리즈에서 4위를 하면서 세계 대회와 처음 인연을 맺었습니다. 에어로빅 체조는 워낙 비인기 종목이라 본교에서는 체육학과에 비해서 인프라가 크게 부족하고 인적 지원도 거의 없습니다. 특히 연습할 공간이 충분치 않습니다. 때문에 대표 선발전, 대회 준비, 출전에 이르는 모든 것을 스스로 해야만 하는 경우가 많았습니다.

앞으로 에어로빅 체조에 많은 관심과 더 큰 응원 부탁드립니다. 어려운 상황 가운데서도 항상 저희를 아끼고 격려해주시는 남승구 교수님과 양은심 교수님께 감사의 마음을 전합니다. 그리고 남은 기간 동안 열심히 훈련해 러시아에서 열리는 '2013 카잔 유니버시아드 대회'에서는 꼭 금메달을 획득하도록 노력하겠습니다. 감사합니다.

땀 흘린 만큼 값진 결과 얻어

강수지 태권도 품세 혼성 부문 금메달, 태권도학과 10

'제26회 하계 유니버시아드 대회'에서 베트남을 제치고 금메달을 목에 걸었을 때 개인전 메달을 놓친, 아쉽고 힘든 마음을 털어버릴 수 있어서 기분이 정말 좋았습니다. 대회가 중국에서 열려 중국 선수를 라이벌로 생각했었는데 막상 대회에 가보니 다른 나라 선수의 기량 또한 높아 놀랐습니다. 하지만 제가 출전한 품새 복식은 어렸을 때부터 같이 운동을 한 이진호 선수용인대와 함께 출전해서 든든했습니다.

이번 연도의 큰 대회가 모두 끝났지만 내년의 또 다른 도전을 위해 열심히 운동할 것입니다. 태권도 품새가 아직 올림픽 정식 종목으로 채택되지 않아 아쉽지만 언젠가 채택되는 날을 기다리며 기량을 한층 더 높일 계획입니다. 태권도 품새 대회는 대중에게 잘 알려지지 않았지만 앞으로 최선을 다해 태권도 품새에 대해 알리고 싶습니다.

마지막으로 서로서로 도와가며 운동을 해온, 저를 열심히 도와준 친구에게 고맙다는 말을 전하고 싶습니다. 또 후배에게 한마디 전합니다. "후배들아! 땀 흘리며 운동한 만큼 좋은 결과 가져올 수 있도록 언제나 최선을 다하자!"

더 큰 국제 대회를 위해

엄혜원배드민턴 여자복식 금메달, 혼합복식 금메달, 체육학과 10

이번 하계 유니버시아드 대회는 제가 출전한 두 번째 국제 대회였습니다. 지난번에 참가한 대회와는 달리 금메달을 2개나 획득해서인지 제겐 의미가 큰 대회였습니다.

처음 경기에 임할 때는 긴장을 많이 했습니다. 상대편 네트로 공을 넘기는 서브가 계속 걸리거나 아웃되는 바람에 경기가 어려워졌습니다. 그래서 우승할 줄은 상상도 못했습니다. 경기 종료 후 실감이 나지 않았습니다. 단상에 올라가니 그제야 우승한 사실이 실감났고 정말 기뻤습니다.

경기 전에는 체력 운동과 근력 운동 위주로 3주간 트레이닝을 했습니다. 이때가 가장 힘들었던 것 같습니다.

앞으로 저의 계획은 더욱 노력해서 하계 유니버시아드 대회보다 규모가 큰 국제 대회에 출전하는 것입니다.

유니버시아드를 끝낸 소감을 말하는 대학 재학생의 목소리에는 자신만의 당찬 계획, 우승자로서 또는 입상자로서 기뻐하는 생생한 모습이 담겨있다. 이런 글은 성장 가도에 있는 스포츠 인재의 면면을 보여준다. 이들에게서는 비인기종목의 설움을 딛고 세계적인 선수로 발돋움하고자 묵묵히 땀 흘리며 자신의 앞날을 준비하고 개척해나가는 모습이 두드러진다. 이들이 있는 한, 이들의 열정 때문에 대한민국 스포츠의 미래는 밝다.

그러나 이런 소감만큼은 대회가 열리기 전부터, 아니면 훈련장에서든 어디서든 미리 준비하는 편이 좋다. 자신의 경기력 향상과 훈련 능률을 높이기 위한 동기부여로나, 약해지는 마음을 다잡는 방편으로라도 승리의 소감, 우승의 변 정도를 준비해두는 일은 결코 무익하지 않다. '줄 사람은 생각도 않는데 김칫국부터 마신다'고 달리 생각할 수도 있다. 그러나 바꾸어 생각해보면 이런 즐거운 상상과 준비는 고된 훈련을 수행하는 선수의 마음속에 희망을 심고, 스트레스를 넘어 목표하는 훈련 결과에 가까이 갈 수 있는 힘을 제공하기도 한다. 승리를 전제로 한 훈련처럼 즐거운 일이 있겠는가? '승리를 상상하면 승리가 그만큼 가까이 온다!'고 생각해보라.

인터뷰 준비 내지 '말할 준비' 속에는 '사려 깊음'이라는 미덕이 포함되어야 마땅하다. 주변을 돌아보고 잊지 말아야 할 것을 하나하나 짚어보는 것은 실수를 줄여줄 뿐 아니라 준비하는 사람의 내면을 살찌우고 깊이를 더하게 한다. 1970~80년대처럼 '대통령 각하의 격려', '회사 사장님의 물심양면 지원', '부대장님의 배려' 덕분이라는 식의 기계적이고 획일화된 발언을 채우라는 뜻은 아니다. 다음의 사례가 재미있는 참고가 될 것으로 기대한다.

2010년에 캐나다 밴쿠버에서 열린 동계올림픽에서 우리나라 동계 스포츠 사상 최초의 금메달을 거머쥔 스피드 스케이팅 100미터의 이상화와 모태범, 1만 미터의 이승훈 선수는 모두 한국 스포츠의 대표 격인 한국체대 재학생이었다. 이들은 자신을 비추는 스포트라이트에 취해 동료 선수의 격려와 호의에만 감사하는 개인적인 소감만을 말해 대학 동문이 크게 섭섭해 했다는 후문이 있었다. 이들이 자신을 성원해준 대한민국 국민과 대학 동문에게 적절한 감사를 표하기만 했어도 그렇게 실망하지는 않았을 것이며 훨씬 큰 환대를 받을 수도 있었다는 것이다. 이들이 많은 방송 및 신문과의 인터뷰에서 국가와 국민, 모교_{모교의 교수와 지도자, 동기와 선후배}에 대한 감사를 전혀 피력하지 않은 데서 우리는 예전_{특히 군사독재 시절}과는 크게 달라진 국가 아마추어리즘의 현주소를 본다.[19] 이들에게 자신의 소속이라든지 학기 중에 국제 대회에 출전하고 선수촌과 같은 장소에서 훈련하는 데 대해 편의를 제공한 학교와 스승, 성원한 동문에 대한 인식과 배려가 결여되어 있는 점은 굳이 비판받을 일은 아니라고 본다. 큰 성취를 이룩한 선수가 종종 감정의 소용돌이에 휩말린 나머지 자신의 성취와 관련해서 자신을 만들어낸 시스템 안팎의 지도자와 가족, 모교와 공동체 사회가 보내준 성원에 미처 감사하지 못할 수도 있다는 점도 충분히 이해한다. 그러나 개인의 성취나 동료와의 관계를 더 중요하게 여기는 활달한 청년 세대의 성향과는 별도로, 그들을 성원해준 국민에 대한 감사 내지는 모교에 대한 언급이 불필요하지는 않다. 평소 훈련과 학습을 통해 이런 점을 익혀두었다면 하는 아쉬움이 남는다.

고루하다고 느낄지 모르나, 스포츠맨에겐 인터뷰 상황에서 주변 사람의 관심과 배려에 대해 고마워하는 자세가 필요하다고 본다. 그것이 스포츠맨에게서 우리가 느끼는 인격人格의 실마리가 되기 때문이다. 고마움을 느끼는 감성, 이를 적절히 표현하는 스포츠맨의 인간적 품성은 그의 가치를 드높인다. 이로써 스포츠맨은 교양인의 풍모도 지니게 된다. 스포츠맨은 자기 관리의 면모와 인간적인 품성을

19 1896년 그리스 아테네에서 최초의 근대 올림픽대회가 개최되면서 피에르 쿠베르탱 남작은 선수의 자격 기준에 대해 영국 아마추어 스포츠의 규정에 따라 '올림픽에 참가하는 사람은 아마추어 경기자여야 한다'고 명시했다. 1934년에는 처음으로 아마추어에 대한 정의가 이루어졌다. 그 내용은 '아마추어란 직접 또는 간접으로 이익을 얻으려 하지 않으며, 스포츠를 애호하고 즐기기 위해 경기하는 사람이다. 국제스포츠연맹은 이 기본 이념에 따라 아마추어를 규정하고 감독한다'는 것이었다. 국가 아마추어는 매우 미묘한 접점에 서 있는 개념이다. 국가주의 체육과 떼어 생각할 수 없는 개념이기도 하다. 국가 목적에 봉사시키려는 정치적 목적으로 육성되는 체육이라고 할 수 있다. 국가가 군사 능력의 증대를 국민에게 요구할 때 체육이 국가 목적에 부응하여 군사 능력의 증대에 가장 효율적인 체육 육성 방법을 채택하는 것이 좋은 예다. 이런 경우는 체육의 목적을 체육의 대상이 되는 개인에게 두지 않는다. 따라서 개성은 무시되고 형식적·반복적 훈련 방식을 취하게 되고 또한 개인에게 이러한 요구를 강요한다. 공산권 국가에서 국가정책으로서 육성되었던 스테이트 아마추어국가 아마추어 선수가 그 한 예다. 스테이트 아마추어는 군대나 경찰 혹은 정부 기관에 취직했으나 업무작업는 거의 또는 전혀 하지 않고, 단지 스포츠에만 전념하는 특권이 주어진 선수란 뜻이다. 본래는 공산권의 여러 나라가 올림픽대회나 그 밖의 국제 경기 대회에서 거두는 승리를 정치·사회 체제의 우수성을 선전하는 데 가장 유효한 수단이라고 생각하면서 선수를 양성하고 있다는 비난의 의미를 포함하여 사용된 말이다. 한국은 1960~80년대 군사독재 정부가 통치하는 동안에 정치적으로는 미국을 포함한 서방 진영에 속하면서도 스포츠와 체육 정책에 있어서는 소련과 동유럽 등 사회주의 진영의 스테이트 아마추어를 채택한, 매우 드문 예에 속한다.

적극적으로 관리할 필요가 있다. 여기에는 자신의 좌우명에 대한 깊은 인식과 이해, 평소 실시하는 훈련 일지, 수상 경력과 다양한 경기에서 얻은

값진 경험, 자격증을 얻는 노력, 독서 생활, 글쓰기 등이 포함된다.

굳이 인터뷰 상황이 아닐지라도 스스로를 관리하기 위해 자신에게 다음과 같은 질문을 던져보자.

1 나는 누구인가, 나를 한마디로 정의하면, "나는 (　　　)이다."

2 내가 존경하는 분은 누구인가?

3 내가 롤 모델로 삼는 스포츠맨은 누구인가?

4 나의 가치관 또는 좌우명은 무엇인가?

5 내가 스포츠맨이 된 이유는 무엇인가?

6 내가 이 스포츠 종목을 선택한 이유는 무엇인가?

7 내가 선택한 스포츠 종목을 통해서 어떤 삶을 살고자 하는가?

8 나는 지금까지 나의 스포츠 종목에서 어떤 성과를 거두었는가?

9 내가 이번 대회올림픽 또는 세계 선수권대회 등에서 우승한 순간 떠오른 생각은 무엇이었나?

10 국민 여러분께, 그리고 모교 선후배에게 감사의 인사 한마디?

11 내가 좋아하는 어머니의 요리나 음식은?

12 감명 깊게 읽은 책은 무엇인가?

스포츠맨이라면 누구나 한 번쯤 올림픽이나 세계 선수권대회에서 우승하는 순간을 마음속에 그려볼 것이다. 이는 결코 무의미한 시간 낭비가 아니다. 힘들고 어려운 고비를 맞이할 때마다 내게 다가올 감격스러운 미래를 상상하면 절로 힘이 날 것이다. 그것이 바로 스포츠맨이 꿈꾸는 행복한 순간이기 때문이다. 슬럼프를 이겨내고 우승의 순간을 맞이하는 당신이야말로 대한민국의 자랑스러운 대표 선수이자 영웅이다. 그런 순간을 상상하는 것은 우리 자신의 가치를 고양시키는 자기암시와 자기 컨트롤의 출발점이다.

인터뷰
포트폴리오
짜기 2

18

자, 이제 인터뷰를 하는 공간으로 들어가보자. 이 역시 《무정》에서처럼 상상된 곳이지만 오늘날이 배경이다. 당신의 이름은 A이고 운동선수이며 소속 팀에 없어서는 안 될 중요한 존재다. 불행히도 당신은 경기 도중에 오른팔을 다쳐 라커룸으로 돌아올 수밖에 없었다. 부상이 심하다고 판단한 트레이너는 당신을 급히 병원으로 후송하였다.

경기가 끝난 다음 눈치 빠른 기자 한 명이 당신이 치료를 받고 있는 병원으로 달려와 인터뷰를 요청했다. 인터뷰를 거절하고 돌려보내고 싶지만 기자의 관심과 정성이 마음에 걸린다. 결국 당신은 '아주 짧은 시간 동안'이라는 전제를 달고 질문을 받기 시작했다. 장소는 병원이며, 당신은 아직 치료가 끝나지 않았거나 의사의 최종적인 진단을 기다리고 있는 상황이다. 이때 여러 가지 상황이 일어날 수 있다. 예를 들어, 기자는 이런 식으로 인터뷰 기사를 풀어나갈 수 있다.

오른팔에 붕대를 감은 A는 남은 경기 일정을 소화할 수 있겠느냐는 질문에 잠시 대답을 미루고 뭔가를 골똘히 생각했다. 그때 A의 담당의가 노크를 하고 들어와 옆에 앉더니 붕대를 풀고 그의 상처 부위를 살펴보며 "지난번에 다친 부위와 같군요"라고 말했다. 그러자 A는 갑자기 얼굴을 붉히며 쏘아붙이듯 말했다.

"그래요, 그러니까 이번에도 석 달 이상 훈련도, 경기도 할 수 없다는 말입니까?"

그가 왼손으로 탁자를 내리쳤다. 탁자 위에 놓인 컵에서 물이 흘러넘칠 듯 출렁였다. 의사는 아무 말 없이 뭔가를 기록한 다음 병실 문을 열고 나갔다.

A는 한동안 아무 말도 하지 못하고 있다가 문득 생각났다는 듯 기자를 향해 물었다. 그의 목소리는 다시 평소처럼 착 가라앉아 침착성을 느끼게 했다.

"아까 뭘 물으셨지요?"

남은 일정에 대해 묻자 A는 "의사가 판단할 것이고 그 판단에 따를 것"이라고 말했다. 그의 표정은 실망감으로 가득했지만 목소리는 애써 감정의 흔들림을 감추려는 듯 조용했다. 그는 유리컵에 담긴 물을 마시느라 잠시 말을 멈추었다가 덧붙이듯이 말했다. 비통한 표정이었다.

"B와 C 등 후배 선수가 제 몫까지 해낼 겁니다."

독자는 이 같은 인터뷰 장면에서 많은 정보를 얻을 수 있다. A는 전에도 피처feature 기사는 신문이나 잡지에 실리는 기사 가운데 객관적 뉴스 기사straight news와 광고를 제외한 그 밖의 모든 기사를 말한다. 구체적으로 피처 기사는 뉴스 피처news feature와 비뉴스 피처non-news feature 두 유형으로 나뉜다. 뉴스 피처는 시사적 문제에 대한 사설·논설·칼럼·인물 탐방 기사·패션 기사·시사만평editorial cartoons·연극영화평·텔레비전평 등이다. 뉴스 피처가 뉴스 기사와 다른 점은 집필자의 시각이 반영된다는 데 있다. 비뉴스 피처는 시사성이 없는 서평·낱말 퀴즈·흥미 본위의 만평humorous cartoons·만화·소설·수필 등이다. 비뉴스 피처는 간혹 기사의 테두리에서 제외되기도 한다.

오른팔을 다쳐 석 달 넘도록 경기는 물론 훈련조차 하지 못한 적이 있다. A는 이번 부상으로 무척 실망한 상태다. 실망을 넘어 자신에게 닥친 불행에 대해 원망하는 마음이 가득하다. 하지만 A는 뛰어난 침착성과 인내력으로 감정을 다스리며 인터뷰어인 기자를 배려하는 모습을 보인다. 또한 남은 시즌 동안 후배 선수가 자신의 몫까지 다해줄 것이라는 말로 동료애를 드러낸다. 최대한 절제하고 있지만 납덩이처럼 굳은 표정으로 주축 선수로서 더 이상 팀을 위해 해줄 일이 없다는 좌절감을 드러내고 만다.

이 모든 상황을 예민하게 감지해낸 기자는 일문일답 대신 피처[20]성이 강한 입체적 기술 방식을 통하여 극적인 요소가 가득한 인터뷰 기사를 작성해낼 수 있다. 기사는 A의 부상이라는 사실을 넘어서 A 선수가 부상 때문에 얻게 된 트라우마를 확인해주고 앞으로의 일까지 전망한다. 또한 독자는 인터뷰 기사를 읽음으로써 A라는 선수의 인품도 충분히 짐작할 수 있다. 이런 측면에서 다음과 같은 내용은 매우 설득력이 있다.

인터뷰는 사람과의 커뮤니케이션을 통해 직접 정보를 얻어내는 매우 효과적인 방법이다. 노련한 인터뷰어는 상대편이 갖고 있는 정보는 물론, 그 사람의 내밀한 생각이나 의견까지 읽어낸다. 살아 있는 사람과의 인터뷰를 통해 알아낸 정보는 그래서 늘 살아 있다. 살아 있는 정보는 진실에 근접하고, 진실은 저널리즘이 추구하는 제일의 가치다. 그런 점에서 인터뷰는 매우 충실하고 정확한 취재 도구다.[21]

그런데 인터뷰라는 취재 행위는, 특히 한국의 스 포츠 분야에서는 미지의 사실을 발견하거나 밝혀내 **21** 박성희, **같은 책**, 2003, p15.
기 위한 것이라기보다 '확인' 절차의 하나로 채택되는 경우가 많다. 이를 기억해두자. 즉, 기자가 일정 수준의 정보를 확보한 다음 취재원과의 문답 을 통해 자신이 가진 정보의 옳고 그름을 확인하려 하는 경우가 많다는 것 이다. 어떤 경우에는 기자가 자신의 주장을 기사를 통하여 관철시키기 위 해 취재원의 코멘트를 얻어내는 과정으로 해당 선수의 인터뷰를 이용하기 도 한다.

예를 들어, 기자가 육상 선수에게 "100미터 달리기의 기록을 단축하기 위해서는 출발에 신경을 써야 하겠죠? 단거리 경주이므로 출발을 잘하느 냐 못하느냐에 따라 기록에 많은 차이가 있을 테니까요"라고 물었다. 이 기자는 사실 100미터 달리기에서 기록 단축의 관건이 출발에 달려 있다는 기사를 쓰려고 하는 것이다.

기자가 "100미터 달리기에서 기록 단축의 관건은 출발에 달렸다"라고 기술한다면 기사는 평면적인 진술에 그치고 만다. 하지만 취재원—특히 상당히 지명도가 있는—의 입을 빌려 "그는 100미터 달리기에서 기록 단 축의 관건이 출발에 달려 있으므로 여름 훈련기간 동안 출발 속도를 높이 는 데 주력할 것이라고 말했다"라고 쓰면 기사가 가지는 힘과 정보의 가치가 커진다. 이제 100미터 달리기에서 기록 단축의 관건이 출발에 달려 있다는 진술은 고도의 전문성을 띤 전문가의 화제로서 하나의 명제이자 과제로 떠오르는 것이다.

이러한 경우, 취재원으로서 스포츠 현장 종사자는 기자의 의도에 따라 설계된 질문과 답변의 틀 안에 갇혀 자율성을 잃게 되는 셈이다. 설령 취재원인 스포츠 현장 종사자가 "100미터 달리기에서 기록을 단축하기 위해서는 단지 출발 속도뿐 아니라 보폭이나 호흡, 팔을 젓는 자세 등 종합적이면서 전문적인 훈련을 오랫동안 계속해야 한다"고 말한다 해도 여기에서 기자가 필요한 부분만을 떼어 인용할 수도 있다.

텔레비전 뉴스 보도를 살펴보면 기자가 보도를 하면서 취재원 등 관계자의 말을 중간에 넣을 때 보도 내용에 부합하는 부분만을 골라 방송한다는 사실을 알 수 있다. 사실 취재원은 방송국의 카메라와 기자가 든 마이크 앞에서 매우 자세하고도 긴 진술을 했을 수도 있다. 그러나 그가 자신이 한 말이 의미와 뉘앙스를 고스란히 간직한 채 전파를 타리라고 기대했다면 그는 지나치게 순진한 사람이다.

취재원은 그냥 "아니오"나 "예"라고 대답하느니만 못한 결과에 분통을 터뜨릴지도 모른다. 하지만 이미 자신의 말이 전파를 타고 온 세상에 흩어진 뒤라 편집된 인터뷰를 돌이킬 수 없다.

인터뷰가 늘 기자의 의도에 따라 편집된다는 점을 감안해서 스포츠맨의 인터뷰 전략은 더욱 치밀하게 수행되어야 한다. 방송이나 신문 기사에서 자신의 인터뷰가 예상과 크게 어긋난 내용으로 편집당하지 않으려면, 기자의 취재 의도를 알아보거나 예상되는 질문을 파악해두는 것이 좋다.

이렇게, 인터뷰이는 언제 어디서나 기자의 질문을 예상한 목록과 이에 대한 가장 적절한 답변을 미리 준비해두는 것이 몸에 배어 있어야 한다.

유의해야 할
기자의
인터뷰 전략

19

인터뷰 상황에서 반드시 기억해야 할 사실이 한 가지 있다. '인터뷰는 특별한 목적을 갖고 전략적으로 이루어지는 커뮤니케이션'이며 따라서 '기자와 취재원의 만남은 매우 구조적으로 짜인 만남'이라는 점이다.[22] 어떤 기자도 세상 돌아가는 얘기나 주고받으려고 취재원을 만나지는 않는다. 스타 선수를 가까이서 바라보며 기분 좋은 대화를 나눈다면 물론 즐거운 일이리라. 그러나 기자는 사실 그렇게 한가한 사람이 아니다. 또한 제 아무리 스타라고 해도 아내나 자녀보다 기자를 더 좋아하지는 않을 것이다.

기자와 취재원의 만남이 매우 구조적으로 짜인 만남이라고 할 때, 구조는 취재원보다는 기자에 의해 구축되는 경우가 많다. 이러이러한 내용에 대해서만 질문을 받을 것이며 그 시간이 얼마 동안이고, 이러한 방향의 진술만 할 수 있다는 식으로 인터뷰의 구조를 제한하고 원하는 방향으로 설정하는 취재원은 사실 찾아보기 어렵다. 아주 드물게, 지명도가 지극히 높고 매우 분주한 일정에 쫓기고 있는 스타 스포츠인

22 박성희, 같은 책, 2003, p18.

은 이러한 방식으로 인터뷰를 제한하고 원하는 방향으로 인터뷰를 해내는 것을 볼 수 있다.[23]

23 2011년 현재, 이러한 입장에서 인터뷰어를 상대하는 한국의 스포츠인이라면 축구의 박지성 선수, 피겨 스케이팅의 김연아 선수 정도를 꼽을 수 있다.

그러나 이는 흔한 경우가 결코 아니다. 대부분은 기자가, 원하는 대답을 얻기 위해 잘 설계된 질문을 던지고 취재원은 사냥감처럼 기자가 던진 질문의 그물에 걸리게 되어 있다. 대부분의 취재원, 특히 스포츠 분야의 취재원은 이 같은 상황에 대하여 그다지 거부감을 느끼지 않는다. 프로 스포츠 선수는 마치 연예인처럼 잦은 미디어 노출이 자신의 가치를 높여줄 것이라고 생각한다. 하지만 늘 그런 것만은 아니다. 심지어는 상당히 저명한 스타 선수도 언론의 의도대로 진술함으로써 다른 모습으로 미디어에 등장하는 경우가 있다.

2011년 4월 28일부터 5월 1일까지 경기도 이천의 블랙스톤 컨트리클럽에서 프로 골프 대회인 유러피언 투어의 발렌타인 챔피언십이 열렸을 때 리 웨스트우드Lee Westwood의 경우가 이와 비슷했다.

발렌타인 챔피언십을 앞두고 웨스트우드는 세계 랭킹 1위에 올라 있었다. 한국의 기자 가운데 일부가 "세계 랭킹 1위의 선수가 있는 곳이 세계 골프의 중심지가 아니겠느냐. 당신이 왔으니 지금은 한국이 세계 골프의 중심이 아니냐"는 식의 질문을 했다. 매우 성격이 온화하고 너그러운 웨스트우드는 이 같은 질문에 선선히 "그렇다"고 대답했다. 많은 한국의 신문은 "웨스트우드가 자신이 있는 곳이 곧 세계 골프의 중심이라고 말했다"라고 썼다. 사실을 완전히 왜곡하여 그릇된 정보를 생산해낸 것은 아니지만, 이러한 보도는 신사적이고 이성적인 유럽의 저명한 골프 스타를 독자가

24 솔직히 말하자면 나도 예외는
아니었다. 웨스트우드가 발렌타인
챔피언십에 출전했을 때 나는 〈중
앙일보〉 스포츠 팀의 부장으로 일
했다. 나는 골프 취재를 담당하는
성호준 기자에게 비슷한 내용과
방식의 인터뷰를 요구했다. 이 작
위적인 인터뷰를 통해 얻은 멘트
는 골프 지면에 큰 제목으로까지
뽑혔다. 의도한 질문을 던져서 원
하는 답변을 얻어낸 다음, 신문에
크게 보도하는 이러한 방식은 미
디어의 입장에서는 매우 효과적이
긴 하지만 도에 지나칠 경우 부도
덕하거나 정직하지 못한 일면을
지닌다.

자칫 오만하고 기고만장한 범부凡夫처럼 느끼도록 만
들 우려를 안고 있었다.

그러나 웨스트우드에 대해 가지고 있는 팬의 우호
적인 감정과 웨스트우드 본인의 인간적인 이미지로
인해 다행히도 인터뷰 기사 내용은 불편한 후일담을
만들어내지는 않았다. 웨스트우드는 미국이 세계 골
프의 중심지로 군림하는 현실을 못마땅하게 생각한
유럽 골프의 대표적인 스타 선수다. 그는 미국의 골
프 스타인 타이거 우즈Tiger Woods에 대해 강한 경쟁의
식을 가진 선수였기 때문에 한국 기자의 어쩌면 자극
적이라고도 느낄 수 있음직한 질문에 선선히 대답할
수 있었는지도 모른다.

그러므로 이 인터뷰 장면은 상당히 복잡한 배경을 숨기고 있었다고 볼
수 있다. 아무튼 기사를 읽은 많은 독자와 골프 애호가는 리 웨스트우드가
한국의 골프 팬을 위하여 덕담을 한 것으로 받아들였다.[24]

대부분의 인터뷰는 인터뷰어의 일방적인 질문과 인터뷰이의 답변으로
진행되기 쉽다. 사건을 취재하는 경우에 두드러진 현상이지만 스포츠의
현장에서도 인터뷰어가 매우 공격적으로 질문하고 인터뷰이는 뭔가를 잘
못했거나 숨기기라도 하는 것처럼 수세적인 인터뷰를 하는 경우가 적지
않다.

예를 들어 우리나라의 국가 대표 축구 팀이 축구 팬의 관심이 집중된 경
기에서 기대 밖의 결과를 냈다고 하자. 월드컵 본선이나 올림픽 본선 경기,

그리고 일본과의 경기를 떠올린다면 이해가 쉬울 것이다. 경기가 끝난 다음 한국 팀의 감독은 기자회견장에서 매우 불편한 가운데 온갖 종류의 질문을 받게 된다.

왜 아무개 선수를 기용하지 않은 거죠?
그 선수는 경기를 앞두고 몸 상태가 좋지 않았습니다.

골절이었나요? 아니면 인대가 끊어지거나?
그 정도는 아니었지만 경기에 뛸 수 있는 준비가 돼 있지 않았습니다.

감독께서는 그 선수의 상태가 경기에 뛸 수 없을 정도라고 보셨을지 모르지만 후보 선수 자리에 앉아 있는 그 선수는 상태가 그리 나빠보이지 않던데요?
좋지 않았습니다. 뭘 묻고 싶은 거죠?

아시다시피 그 선수는 상대 팀의 측면을 공격할 수 있는 한국의 유일한 윙이었습니다. 그의 측면 돌파는 한국의 강력한 스트라이커에게 많은 문전 득점 기회를 줄 수 있었고요. 그가 공급하는 공을 슈팅으로 연결할 수도 있었을 뿐 아니라 측면으로 상대 팀 수비가 분산되는 효과도 기대할 수 있었습니다. 그런데 그 선수가 출전하지 않자 상대 팀의 문전 수비는 더욱 두꺼워졌고 우리 스트라이커는 움직일 공간을 얻을 수 없었습니다. 이 때문에 그 선수의 결장 이유를 정확히 알리는 것입니다. 팬이 궁금해 하지 않겠습니까?

그 선수가 우수한 측면 공격 자원이었다는 사실은 맞습니다. 그러나 훈련을 하면서 그 선수의 움직임이 둔하고 문전의 스트라이커에게 연결하는 패스가 정교하지 못하다는 사실을 발견했습니다. 아시다시피 이번 경기는 지면 안 될 경기였기 때문에 확신 없이 선수를 기용할 수는 없었습니다. 저는 우리가 중앙 돌파를 통해 상대 팀의 수비를 분쇄할 수 있다고 생각했습니다.

결과는 감독의 생각대로 되지 않았지요? 선수 기용에 실패했거나 작전이 잘못되지 않았을까요?

결과로 말한다면 기대한 대로 이루어지지 않았습니다. 그 점은 유감입니다. 그러나 최선을 다한 결과라는 점을 말씀드립니다.

결과에 대해 책임을 질 생각은 없습니까?

축구 협회가 책임을 묻는다면 당연히 그 결정에 따를 겁니다.

혹시 사임할 의사는 없습니까? 이번 패배로 한국 팀은 토너먼트에서 탈락했고, 남은 경기는 없기에 하는 질문입니다.

진지하게 고려해보겠습니다.

기자의 맹렬한 공격은 감독으로부터 사임을 고려하겠다는 답변을 끌어내기에 이른다. 이 책을 읽는 독자가 위의 예문에 등장하는 감독이라면 피가 거꾸로 솟구칠지도 모른다. 감정을 조절하지 못하고 넘어서는 안 될 선을 넘을 위험마저 있다. 하지만 한국의 실제 인터뷰에서 이렇게 기자의 집요한 공격이 이어지고 감독이 대응하는 경우를 찾아보기는 쉽지 않다. 대부분의 기자는 경기장 밖에서도 취재원과 매우 친숙한 관계를 유지하기 때문에 공적인 인터뷰 자리에서 극단적인 공격을 하는 예는 드물다.

조제 무리뉴와 언론의
'적대적 공생'

20

유럽의 프로 축구 리그와 같이 경쟁이 심한 곳에서는 마치 개인적인 감정이라도 있는 것처럼 날이 선 질문과 대답을 주고받으며 기자회견 또는 인터뷰 시간 내내 팽팽한 긴장을 유지하는 장면을 쉽게 볼 수 있다. 때로는 인신공격에 가까운 질문과 대답으로 인터뷰어와 인터뷰이가 서로에게 생채기를 내기도 한다.

인터넷을 검색해 유럽 축구의 스타 감독 조제 무리뉴에 대한 기사나 포스트를 찾아보면 다음의 일화가 여러 가지 버전으로 등장한다.

지금은 사이가 좋지 않지만, 조제 무리뉴는 한때 FC바르셀로나에서 일했다. '축구 황제' 호나우두가 뛰던 1997~98 시즌에 무리뉴는 FC바르셀로나의 보비 롭슨 감독을 보좌하는 통역이었다. 이때의 경험을 발판으로 무리뉴는 유럽 축구 무대에서 성공적인 커리어를 시작했다. 그런데 첼시 감독이 된 무리뉴는 유난히 FC바르셀로나를 상대로 험한 말을 쏟아냈다. 2004~05 시즌에는 FC바르셀로나의 프랑크 레이카르트 감독이 경기 도중 주심을 만나 수상쩍은 거래를 했다고 주장하기도 했다. FC바르셀로나는 물론 팬과 지역 언론이 무리뉴에 대해 반감을 가졌다. 한번은 FC바르셀로나의 팬이기도 한 기자가 이렇게 질문했다.

"당신은 FC바르셀로나에서 통역관이나 했던 주제에 왜 이렇게 FC 바르셀로나에 무례한가?"

무리뉴는 피식 비웃으며 대답했다.

"맞다. 그때 난 통역관에 불과했다. 그러나 지금은 첼시의 감독이다. 그런데 내가 통역관에서 감독이 되는 동안 당신은 삼류 기자 신세를 면치 못하고 있다. 당신은 그동안 뭐했나?"

주먹다짐이 오갈 수도 있을 법한 상황이다. 이 대화가 오간 뒤 어떤 일이 벌어졌는지는 보도되지 않았다. '~카더라'는 후일담도 없다. 아무튼 이렇게 피가 뜨거운 사나이 무리뉴인 만큼, 우리는 다음과 같은 일화도 '있음직한 일'로 받아들이게 된다.

2009년 8월, 무리뉴가 이탈리아 세리에A1부 리그의 인터 밀란 팀을 이끌고 중국에서 열린 국제 축구대회에 참가했을 때의 일이다. 인터 밀란은 8월 8일 중국 베이징 궈자티위창에서 열린 수페르코파 이탈리아이탈리아 슈퍼 컵에 참가하기 위해 중국을 방문했다. 이날 경기에서 인터 밀란은 라치오에 2대 1로 졌다. 현지 언론에 따르면 경기가 끝난 직후 중국 취재진은 무리뉴에게 인터 밀란의 패배를 빌미로 여러 가지 질문을 했다. 이때 무리뉴는 중국 기자를 상대로 험한 말을 주고받았다. 그는 중국 기자의 질문 내용 때문에 화가 났다고 했다. 무리뉴는 감정이 폭발한 듯 "중국 축구가 쓰레기인 이유를 알겠다. 당신의 수준 낮은 질문을 두 개만 받아도 알 수 있다"라고 '독설'을 쏟아냈다. 이어 "중국은 그동안 올림픽에서 많은 금메달을 차지했지만 축구는 아니다"라고 말했다. 그런 다음 "그 이유는 기자의 능력이 형편없기 때문"이라면서 취재진을 비난했다. 중국 언론은 "지나친 발언"이라며 불쾌해 했다는데, 무리뉴가 중국에서 활동하는 인물이 아니었으므로 더 이상의 확전擴戰은 없었다.

중국까지 와서 슈퍼 컵에 참가한 걸 보니 세리에A 재정 상황이 악화됐나 보죠? 전 세계가 불황이지만 작년에 중국은 8퍼센트 성장을 기록했는데….

세리에A 재정 상황은 내가 답변할 문제가 아니다. 난 축구 감독이지 경제학자가 아니다.

중국 리그가 언제쯤 세리에A를 능가할 수 있겠나? 인터밀란의 경기력도 그다지 대단하지는 않던데.

오늘 인터밀란의 경기력과 중국 리그의 발전은 아무런 관계가 없다는 말 한마디만 하겠다.

당신이 알고 있는 중국 선수가 있나? 있다면 평을 듣고 싶다.

(통역관, 무리뉴를 보며) 유럽에서 뛰는 중국 선수 아나?

(무리뉴, 고개를 가로저으며) 중국 요리에 대해선 말할 수 있지만 중국 선수에 대해서는 모르겠다.

(흥분한 듯) 당신 사생활이 문란하다던데 중국 여자를 보니 흥분되지 않나?

중국 축구가 왜 쓰레기인지 이제 알았다. 이는 당신의 질 낮은 질문을 두 개만 받아봐도 자명하다. 중국은 올림픽에서 다른 종목에서는 많은 금메달을 차지해왔다. 그러나 축구는 아니다. 선수, 감독은 물론이고, 기자마저도 쓰레기다.

무리뉴는 개성적인 인물이고 당대의 뉴스 메이커다. 그런 그였기에 위와 같은 에피소드가 그의 상품 가치를 심하게 훼손한다고 보기는 어렵다. 그가 축구 감독으로서 이룩한 업적은 브랜드 가치를 보장하고도 남는다.

무리뉴가 만드는 미디어와의 크고 작은 불화는 그의 캐릭터에 독특함을 부여함으로써 상품 가치를 뒷받침하는 면도 없지 않다. 무리뉴는 기자가 보기에 매우 재미있는 인터뷰 상대인 동시에 경쟁자일지도 모른다. 그의 말은 감정에 실려 마구 터져나오는 듯하지만 사실은 매우 정교하게 다듬어져 있어 일종의 계산을 깔고 있는 듯한 느낌을 줄 때가 많다. 그의 무자비한 언어는 경쟁자에게 깊은 상처를 주는 데 사용되기도 하지만 자신에게 쏟아지는 비난을 최소화하거나 막아내기 위해 사용되기도 한다. 예를 들어 그는 2009년 1월 18일, 아탈란타와의 경기에서 참패한 다음 이렇게 말했다.

난 오늘 입을 닥칠 것이다. 언론은 나에 대해 어떻게 표현해도 좋다. 난 이를 받아들일 것이다. 나는 짐을 짊어질 넓은 어깨를 가지고 있다. 난 내 선수에게 비판이 가해지는 것보다 나에게 비판이 쏟아지는 것을 더 선호한다. 오늘 경기는 우리 팀의 올 시즌 최악의 경기였고, 난 팀의 얼굴이자 팀에서 유일하게 책임을 져야 하는 사람이다. 난 어떤 비난에 대해서든 열려 있다.

무리뉴 감독의 이 같은 격정적인 고백과 토로는 공격적인 미디어의 예봉을 꺾는 효과가 있었다. 물론 무리뉴는 경기가 끝난 다음 라커룸에 들어가 부진한 경기를 한 선수를 심하게 질책했다고 한다. 그는 또한 라이벌과의 경기가 있을 때마다 미디어를 매개로 상대 팀 감독과 신경전을 벌여 최대한 상황을 자신에게 유리하게 만들곤 한다. 상대방을 자극해 동요하게 만들고 자신감을 떨어뜨리는 한편 자신의 팀에는 동기를 부여해 선수의 의지와 경기력을 극대화하는 것이다.

무리뉴는 잉글랜드 프리미어리그의 첼시 감독 시절 '아름다운 축구'로 명성을 얻은 아스널의 아르센 벵거 감독을 자극하기 위해 "아스널은 훌륭한 감독과 선수를 보유했지만 축구가 승리해야 하는 스포츠라는 점을 잊고 있다. 첼시는 멋진 경기를 보여주진 못해도 승리한다"고 말했다. 리버풀에 대해서는 "리버풀의 역사는 위대하고 나는 그 역사를 존중한다. 그러나 첼시가 지난 3년간 두 번의 리그 우승을 할 동안 리버풀은 약 20년간 우승을 하지 못했다"고 공격했다.

그뿐만이 아니다. 맨체스터 유나이티드의 알렉스 퍼거슨 감독과의 입씨

름에서도 물러서지 않았다. 퍼거슨은 이적 시장에 거액을 쏟아 붓는 첼시를 겨냥해 "돈으로 우승을 살 수 없다"고 빈정거렸다. 그러자 무리뉴는 "전적으로 동의한다. 하지만 나는 맨체스터 유나이티드 예산의 10퍼센트도 안 쓰는 FC포르투를 이끌어 맨체스터 유나이티드를 제압하고 챔피언스 리그에서 우승했다"고 반격했다. 아스널과 리버풀, 맨체스터 유나이티드 모두 자존심에 상처를 입을 만한 비수와도 같은 말이었다.

이 같은 그의 말을 보도하는 미디어 입장에서는 매우 재미있었을 것이다. 그런 점에서 무리뉴 감독은 미디어의 적이 아니라 동업자다. 이 점을 놓쳐서는 안 된다. 흔히 미디어를 '지라시_{낱장광고}'라고 비아냥거리며 능력이 떨어지거나 품성이 좋지 못한 저질 언론을 비난하기도 하지만 그들 역시 취재원을 꾸준히 지켜보면서 기사를 생산해낸다는 사실을 잊지 말자. 아프리카 초원의 얼룩말이 반드시 사자나 표범 같은 일류 사냥꾼에게만 목숨을 잃는 것은 아니다.

미디어와
공존하는
인터뷰이

21

어떠한 조건에서도 언론과 스포츠맨은 대등한 입장에서 대화하는 것이 옳다. 인터뷰어와 인터뷰이, 기자와 취재원의 관계는 결코 '갑'과 '을'의 관계가 아니다. 그러므로 인터뷰 요청에 응하는 입장에서 명료한 의식으로 인터뷰어주로 기자의 질문 요지를 파악하고 현명하게 답변할 수 있도록 뛰어난 인터뷰이가 될 필요가 있다. 인터뷰를 스포츠맨의 현장 활동과 무관한 행위로 이해해서는 안 된다.

예를 들어, 프로 스포츠에서 미디어를 상대하는 일은 훈련과 경기 못지않게 중요한 일이다. 프로와 아마추어의 경계가 사실상 사라져버린 현실에서 어떤 종목, 어떤 분야, 어떤 역할을 하고 있느냐는 중요하지 않다. 자신의 분야에서 뛰어난 업적을 세운 스포츠맨은 반드시 미디어의 주목을 받게 되며 그것으로 대중적인 존재로 변화한다. 스포츠맨이 미디어를 상대하는 기술의 대부분은 인터뷰 요령이라고 해도 무방하다.

미디어 종사자와 개인적으로 좋은 관계를 맺고 그 관계를 유지함으로써 대중으로 하여금 좋은 인상을 갖도록 할 수도 있다. 그렇지만 이런 방법은 어디까지나 미디어 종사자, 즉 기자나 프로듀서 등의 판단과 선의에만 의존해야 하는 약점이 있다. 대중 앞에 모습을 드러내는 일이 불가피할 때, 미디어 종사자의 조력은 한계가 있다. 따라서 언제나 마음의 준비를 하고 있어야 할 뿐 아니라 정신적으로나 감정적으로 스스로를 다듬어두어야 한다. 좋은 인터뷰이에게서는 인격과 품위, 깊이, 자신감이 느껴지는 법이다. 그가 하는 말은 믿음을 준다. 나아가 불필요한 논란마저도 잠재워버리는 놀랄 만한 힘이 있다.

나는 2002~03년 회사의 지원을 받아 독일의 레버쿠젠에 있는 바이엘에서 스포츠 부문Bayer Sport을 견학하며 공부할 기회가 있었다. 불세출의 축구 스타 차범근 씨가 현역으로 뛰었던 분데스리가의 바이엘 04 레버쿠젠Bayer 04 Leverkusen이 홈 경기장인 바이아레나BayArena에서 하는 경기를 언제든지 관전할 수 있는 행운을 누렸다.

2002~03 시즌 분데스리가 초반에 레버쿠젠은 강등을 우려해야 할 만큼 부진한 경기를 했다. 이렇게 위기에 빠진 팀은 부진한 성적뿐 아니라 뜻하지 않게 닥치는 크고 작은 불상사와 스캔들 때문에 괴로움을 당하는 경우가 적지 않다. 2002년 11월 16일에 바이아레나에서 열린 보루시아 MGBorussia Mönchengladbach와의 경기에서 마침내 일이 터졌다.

1대2로 뒤진 가운데 불리한 경기를 펼치던 레버쿠젠의 다니엘 비로프카가 경기 종료 4분을 남기고 논란이 될 만한 동점골을 기록했다. 비로프카는 울프 키르스텐의 패스를 받아 골을 성공시켰는데, 키르스텐이 패스한 공을 팔로 건드려 세운 다음 슛한 게 문제였다. 원정 응원을 온 보루시아

MG의 응원단이 아우성을 쳤지만 주심도 선심도 비로프카의 반칙을 알아채지 못하였다. 경기는 2대2 무승부로 끝났다.

경기가 끝나고 양 팀의 감독이 공식 기자회견을 했다. 그날 바이아레나의 지하 1층에 있는 기자회견장은 마치 벌집을 쑤신 듯 소란스러웠다. 독일을 비롯한 유럽에서는 지역 언론이 여론 형성에 큰 역할을 한다. 자연히 지역 언론사에 속해 있는 기자의 취재 경쟁이 치열하다. 지역 언론사의 기자는 상당수가 그 지역 출신이다. 그래서인지 연고지 지역 스포츠 팀의 열렬한 팬으로서 높은 충성도를 보인다.

묀헨글라트바흐에서 온 기자가 가만히 있었을 리 없다. 레버쿠젠의 크라우스 톱묄러 감독과 보루시아MG의 한스-요아힘 마이어 감독에게 엄청난 질문 공세를 퍼부었다. 특히 마이어 감독이 지역 언론사 기자의 집중적인 질문을 받았다. 하지만 그는 계속해서 핸들링 상황에 대한 언급을 피했고, 양 팀의 경기력에 대해서만 말했다.

답답해진 기자가 상황을 세세히 묘사하며 마이어 감독의 동의와 강한 언급을 구했다. 그러자 견디다 못한 마이어 감독은 "기자 양반. 집에 전화를 걸어서 어머니께 물어보시지 그래요? 텔레비전 중계를 보셨을지 모르잖아요?"라고 말했다. 마이어 감독은 이렇게 약간의 농담을 섞은 말로 기어이 심판이나 상대 팀 선수를 비난하는 발언을 들으려는 기자를 타이르고 기자회견장의 분위기를 전환하는 데 성공했다.

마이어 감독은 1942년 체코의 브리센 지방에서 태어나 동독에서 성장했고, 예나에서 선수 생활을 하는 동안 주로 수비수를 맡았는데 기자의 공격을 막아내는 데도 일류 수비수다운 솜씨를 발휘했다. 나는 심판과 상대 팀 선수를 비난하지 않으므로써 양 팀 선수와 관계자의 90분간의 노고를 빛 바래지 않게 하려는 마이어 감독의 태도에 깊은 감명을 받았다. 마이어 감독은 좋은 인터뷰이로서 인격과 품위, 자신감을 느끼게 했다. 그가 하는 말은 믿음을 주었고, 경기의 가치를 훼손하기에 충분한 논란마저도 잠재워버리는 놀라운 힘을 발휘한 것이다.

미디어 인터뷰 매뉴얼

물론
인터뷰는 어려운
일이다

22

인터뷰는 먼 곳의 이야기도, 남의 일도 아니다. 인터뷰를 해야 하는 일은 생활 속에서 의외로 자주 일어난다. 직장 생활을 하는 회사원이나 교사, 학생부터 평범한 가정주부까지 누구에게나 뜻밖의 인터뷰 기회가 찾아올 수 있다. 일반인의 미디어 인터뷰가 잦다는 사실은 인터넷 포털 사이트에서 확인할 수 있다. '네이버'나 '다음', '네이트' 같은 포털에는 인터뷰와 관련한 인터뷰이의 문의가 적지 않게 올라 있다. 대부분 "인터뷰를 하게 됐는데 부담스럽다. 어떻게 준비해야 하느냐"는 내용이다.

 ① 모 방송국에서 최근 제가 사는 지역 아파트의 전세 가격이 폭등하는 데 대해 취재를 하기 위해 인터뷰를 하자는 연락이 왔습니다. 그냥 얼떨결에 인터뷰에 응하기로 했습니다만 나중에 생각해보니 그다지 좋은 일로 인터뷰를 하는 것도 아니고 뭔가 캐내려는 것 같기도 해서 걱정을 많이 하고 있습니다. 혹시 방송국 쪽에서 대답하기 곤란

한 질문을 하면 어떻게 해야 할까요? 주변에 물어보아도 그냥 현명하게 대처하라고만 하지 이렇게 하면 된다는 식으로 시원하게 알려주지 않습니다. 정말 걱정이 되는군요.

② 저는 군청에서 토지와 부동산에 관련한 일을 맡고 있습니다. 최근 정부시책의 일환으로 저희 관할 지역에서 여러 가지 정책이 실시되고 있기 때문인지 신문사나 방송국에서 약속이나 한 듯 인터뷰를 하자고 연락이 옵니다. 아무래도 조심스러워서 공보과에 문의해도 분명한 지침을 주지 않습니다. 한 동료는 "나도 몇 해 전에 한 신문사와 인터뷰를 잘 못했다가 아주 곤란한 경우를 당했다. 무조건 조심해라"라며 겁을 주기도 합니다. 그렇다고 해서 인터뷰를 거절하기도 그렇고, 거절을 하더라도 사무실로 찾아와 저를 찾으면 어떡하나 싶어서 전전긍긍하고 있습니다.

③ 제 신분이 공무원이기 때문에 신문이나 방송국에서 인터뷰 요청이 들어오면 매우 조심스럽습니다. 요즘 들어 부쩍 인터뷰 요청이 잦군요. 특히 방송 인터뷰는 제 목소리와 모습이 함께 나갈 터이니 이만저만 신경이 쓰이지 않습니다. 제 모습이 가려지거나 목소리를 바꾸어 내보낸다고 해도 문제가 없지는 않습니다. 방송 뉴스를 시청하면 어떤 인물을 모자이크 처리를 해서 내보내는데, 대번에 뭔가 문제가 있다는 느낌을 주지 않습니까? 목소리 변조도 마찬가지입니다. 정상적이지 않은 상황을 방송에서 다루고 있다는 인상이 강합니다. 방송 인터뷰를 잘 못했다가 후유증에 시달렸다는 분도 있고…. 그래서 좀 걱정이 됩니다. 방송 인터뷰를 하기에 앞서 무엇을 준비해야

하나요?

④ 신문이든 방송국이든 인터뷰를 해서 개인이나 가정, 회사나 사회, 더 나아가 국가에 도움이 될 수 있다면 인터뷰를 피할 이유가 없겠지요. 아니, 적극적으로 하는 것이 좋겠습니다. 인터뷰를 하겠다고 결심한 다음에라도 혹시 불이익이 따를지 몰라 걱정스럽다면 음성변조나 모자이크 처리를 요청하고 그렇게 하겠다는 확인을 받으세요. 본의 아니게 예상 못한 사람에게 피해를 줄까봐 걱정된다면 인터뷰 중에 해서는 안 될 말을 정해 두고 그걸 지켜야겠지요. 도저히 못할 일이다 싶다면 물론 거절할 수밖에 없겠지요.

①에서 ③까지는 생각지 않았던 인터뷰를 앞두고 있거나 자주 인터뷰를 해야 하는 인터넷 사용자가 조언을 구하는 글이다. ④는 인터뷰를 어떻게 이해하고 받아들이며 잘 활용할 것인지에 대해 의견을 내놓고 있다. 대체로 이들은 인터뷰를 피할 수 없다고 생각하며 어떻게 해야 유익한 인터뷰를 할 수 있는지 고민하고 있다는 사실을 알 수 있다. 이 고민은 인터뷰에 대한 유익한 조언을 구하기가 그만큼 어렵고, 인터뷰 지식을 얻을 기회가 많지 않으며, 교재로 삼을 만한 책자도 쉽게 구할 수 없는 데서 비롯된다. 이와 같은 어려움은 스포츠 분야에서 활동하는 사람에게도 예외가 아니다. 특히 현장에서 활동하는 스포츠인, 즉 지도자나 선수 또는 스포츠 팀이나 구단의 관계자 역시 미디어를 상대하는 데 어려움을 느낀다.

인터넷에서
찾은 충고

이 책은 인터뷰를 어떻게 해야 하느냐에 대한 충분한 답을 해주지 못한다. 다만 답을 찾아내는 길에 좋은 동반자가 되고자 할 따름이다. 그러기 위해 나는 많은 곳을 가보고, 좋은 사례를 먼저 경험할 수 있었다. 의지를 가지고 적극적으로 노력한다면, 인터넷을 비롯해 곳곳에서 참고할 만한 자료를 찾을 수 있다.

프로 골퍼 한희원 선수가 2007년 2월 6일자 〈조선일보〉에 쓴 글[25]은 선배 운동선수의 훌륭한 조언을 담고 있다. 한 선수는 "자신의 일 그 자체보다 사람과의 커뮤니케이션에 더 어려움을 느낄 때가 종종 있습니다. 골프 선수도 마찬가지입니다. 특히 미디어와의 인터뷰 때가 그렇습니다. 나이 어린 신인 선수는 사람을 상대해본 경험이 적어서 더더욱 어려움을 겪지요. 하지만 미디어와의 인터뷰는 프로 선수가 자신의 상품가치를 높일 수 있는 중요한 방법 중 하나입니다. 대중에게 자신의 이미지를 긍

[25] http://news.chosun.com/site/data/html_dir/2007/02/06/2007020600207.html [한희원의 LPGA 레터] (55) 버디만큼 어려운 인터뷰

정적으로 심는 것은 선수 개인뿐 아니라 LPGA투어 전체의 이미지를 좋게 하는 것이거든요"라고 프로 골프 선수로서 인터뷰를 할 때 직면하는 곤란함과 더불어 인터뷰가 지니는 가치를 현명하게 설명하였다. 그러면서 한 선수는 "LPGA투어는 선수에게 인터뷰에 필요한 기술도 정리해서 제공합니다. 시즌 초반에는 지난해 처음 우승한 선수를 모아놓고 미디어 교육을 시킵니다. 실제 TV 인터뷰를 하는 것처럼 카메라와 리포터도 준비합니다. 또 LPGA투어 신인에겐 TV · 라디오 · 인쇄 매체로 구분된 인터뷰 요령을 알려줍니다. 매체마다 질문이 다를 수 있고, 원하는 것도 다르기 때문"이라는 설명을 덧붙임으로써 LPGA투어가 선수들의 인터뷰를 얼마나 중요하게 생각하며 선수들의 훌륭한 인터뷰를 지원하기 위해 노력하는지 알려주었다.

한희원 선수는 LPGA투어에서 교육하는 인터뷰 요령 중 재미있는 몇 가지를 골라 소개하기도 하였다. 한 선수의 말에 의하면 '좀 더 신경 써야 할 항목' 중 하나로 '취재 기자를 대할 때 팬을 대하듯 하라'는 항목이 있다. 일이라는 생각으로 사람을 만나면 대답이 딱딱해질 수 있으므로 타당한 면이 있다. 물론 '기자와 대화를 할 때는 반드시 이름을 불러주라'는 요구는 우리 정서에 맞지 않을 수도 있다. 그러나 이 조언이 지니는 의미는 '취재를 하는 기자와 유대감을 가지라'는 데 있다. '한두 마디의 낱말로 대답을 하는 것을 피하라'는 조항도 있는데 이 부분은 설명을 곁들여 답변에 대한 이해를 도와주라는 뜻이다. '절대로 하지 말아야 할 금기사항'으로 '절대 발끈하지 말라'는 대목이 있다. 기자도 사람이기 때문에 부주의한 나머지 부적절한 질문을 할 수도 있고, 이런 질문이 빌미가 돼 감정을 상하고 본래 의도한 인터뷰를 원만하게 마무리하지 못할 수 있다는 뜻이리라. 이 밖에 '어떤 일이 있어도 거짓말은 절대로 하지 말라', 'LPGA투어 선수와 PGA투어 선수를 비교하지 말라'는 대목도 있고, '불쾌한 질문이라면 위트 있게 빠져나가라'는 권유도 있다.

인터넷 포털 사이트의 한 블로거가 포스팅한 '미디어 인터뷰, 이렇게 하라'는 제목의 글은 인터뷰에 대한 이해를 돕고 어떻게 인터뷰해야 하는지에 대한 기본적인 설명을 담고 있다. 매우 유익해서, 중요한 부분을 발췌해 소개한다.[26]

26 http://blog.naver.com/
mobicell/22899210, '미디어 인터뷰,
이렇게 하라'

인터뷰를 원하는 사람의 입장

① 미디어 인터뷰는 광고와는 달리 비용이 들지 않는 매우 효과적인 마케팅 수단이다.

② 인터뷰를 통해 자신의 생각이나 기업의 상품을 일반인에게 널리 알릴 수 있다.

③ 최대한 좋은 점만 이야기해 불리한 내용은 나오지 않도록 한다.

인터뷰를 하는 미디어의 입장

① 미디어 인터뷰는 일반 보도 기사와는 달리 독자에게 해당 인물의 생각을 다각도에서 깊이 있게 보여줄 수 있는 효과적인 보도 수단이다.

② 인터뷰를 통해 그 개인이나 기업의 본모습, 즉 장점과 단점을 독자에게 생생하게 보여주어야 한다.

③ 밋밋한 인터뷰 내용은 기사 가치가 없다. 따라서 그 개인이나 기업에 대한 새롭거나 중요한 내용을 '공세적인 인터뷰'로 찾아내 보도해야 한다. 그래야 독자에게 의미 있는 인터뷰 기사가 된다.

(하략)

이처럼 인터뷰를 당하는 사람과 인터뷰를 하는 미디어 간에는 매우 큰 입장의 차이가 있다. 어떤 인터뷰가 큰 논란으로 번진 경우가 있다면 바로 이 같은 미디어 인터뷰의 속성을 잘 몰랐기 때문이다.

미디어 인터뷰를 할 때는 다음의 몇 가지 원칙을 생각해두면 미디어 인터뷰를 효과적인 PR 마케팅 수단으로 활용할 수 있다.

① 인터뷰 기사의 제목이나 내용은 내가 희망한 대로 나오지 않을 가능성이 있다는 점을 명심하라. 인터뷰 내용을 바라보는 입장이나 주관에 따라 중요하게 생각되는 부분이 다를 수 있기 때문이다. 따라서 조금이라도 오해의 소지가 있는 부분은 충분히 설명해 불필요한 오해나 오보를 철저히 방지하라.

② 인터뷰에서는 핵심을 간단히 요약해 말하라. 자신이나 제품에 대해 논쟁이 될 만한 부분이 있으면, 사전에 미리 철저히 준비하라. 당황해서 장황한 어조로 횡설수설하다가는 예기치 못한 실언을 하게 될 수도 있다.

③ 껄끄러운 질문을 받을 수 있다는 점을 항상 기억하라. 기자는 독자의 입장에서 인터뷰를 한다. 결코 그 개인이나 기업의 홍보를 위

해 질문을 하는 것이 아니다. 따라서 껄끄러운 질문이 반드시 나오리라 생각하고, 마음의 준비를 하고 있다가 성심성의껏 답하라.

④ 이처럼 까다로운 특성이 있지만, 그래도 미디어 인터뷰를 적극적으로 활용하라. 부작용이 발생할 수 있다고 미디어를 피하는 소극적인 태도로는 결코 성공할 수 없다.

블로터닷넷Bloter.net에 포스팅된 '미디어 인터뷰 TIP, 긍정어를 구사하라'는 글도 부분적이지만 매우 유익한 조언을 해준다.[27]

'긍정어를 구사하라', '부정적인 단어를 쓰지 마라'
이 부분은 미디어 트레이닝에서 아주 핵심적으로 코칭하는 부분이다. 글의 내용을 살펴보자.

27 http://www.bloter.net/archives/3289, '미디어 인터뷰 TIP, 긍정어를 구사하라'

서원 영화가 너무 지루하지 않았나?
남신 _____

서원 김 대리는 너무 감성이 없는 것 같아.
남신 _____

서원 이번 주까지 일을 마무리하기는 어려울 것 같지?
남신 _____

남신은 뭐라고 대답을 할까요? 아주 자연스럽게 부정적인 단어를 그대로 사용할 것입니다.

"많이 지루하지는 않았다", "저는 감성이 없지 않습니다", "일을 마무리 하는 데 어렵지 않습니다"라고 답하기 마련입니다. 상대가 쓴 단어를 다시 쓰는 경향이 있기 때문입니다.

부정적인 단어를 그대로 내가 직접 표현하게 되면, 대화는 부정적으로 흐를 수밖에 없다는 것이죠. '영화가 너무 지루하지 않았나'에 대해서 '재미가 크지는 않았지만, 좋은 점도 있었다'고 답하게 되면 대화 분위기가 달라진다는 것입니다. '마무리하기 어려운 것 같다'라고 하면, '임무를 마칠 수 있도록 열심히 노력하겠다'라고 말하는 것이 바람직하다는 것입니다.

통상 기자는 인터뷰를 할 때, 이렇게 부정적인 단어를 사용해서 질문을 하는 데 '선수'입니다. "사장님, 이번 투자는 실패할 여지가 크지 않나요?", "그 일을 성공적으로 추진하려면, 어려운 일이 많고 장애물이 너무 많지 않습니까?" 하는 식입니다.

"기자님, 우리는 최근에 전 임원이 모여 워크숍을 하였습니다. 이번 투자는 성공적일 것이라는 확신 속에서 적극적으로 추진하고 모든 역량을 집중할 것입니다."

만약, "기자님, 저희는 결코 실패하지 않을 것입니다"라고 했다면, 미디어에서는 기사 앵글에 따라 "이번에 큰 문제는 투자가 '결코 실패하지 않을 것'이라고 너무 과신하고 있다는 것이다"며, 궤변을 만들 수 있다는 것이죠.

"기자님, 모든 것이 잘될 것이라고 확신합니다. 성공을 위해 전사적으로 노력하고 있습니다. 기자님도 지켜봐주시고 많은 도움을 부탁드립니다." 이런 식의 대답이 오히려 인터뷰를 긍정적인 대화로,

자신이 하고 싶은 메시지를 중심으로 이끌어내는 데 더 용이하다는
것입니다.

책으로
인터뷰 기법
익히기

24

앞에도 말했듯이 인터뷰이를 위한 책자는 많지 않다. '이 한 권이면 미디어의 인터뷰에 응하는 기술을 모두 알 수 있다'고 할 만한 책은 사실 없다. 지금 여러분이 읽고 있는 이 책도 마찬가지다. 그러나 인터뷰에 대해 심층적으로 이해하고 대강의 준비를 할 수 있도록 도와줄 만한 책은 있다.

비올라 팔켄베르크Viola Falkenberg가 쓴 《인터뷰이를 위한 인터뷰의 이론과 실제》커뮤니케이션북스도 그중의 하나다. 팔켄베르크는 독일의 여론 지도층, 홍보 담당자, 일반인 등을 대상으로 언론과의 교제 요령을 강의하는 커뮤니케이션 전문가다. 프랑크푸르트와 본에서 통신과 신문, 방송기자로 일했다. 옮긴이는 이현표 씨인데 주독 한국대사관 문화홍보원장으로 재직한 공무원으로 해외 홍보 분야에서 근무한 20년간의 경험으로 일반인이 인터뷰에 대한 상식을 갖는 일을 돕기 위해 이 책을 소개한다고 했다.

이 책을 구입하기 위해 인터넷 서점에서 검색해보면 이런 책 소개가 나온다.

오늘날 언론과 접촉하는 대상자의 범위가 점점 넓어지고 있다. 많은 사람이 언론에 보도되기를 바라며, 언론사 측에서도 보다 다양한 인물을 찾는다. 기자는 언어를 구사함에 있어서 똑같은 말이라도 일반인이 생각하는 것과 다른 뉘앙스로 사용한다. 이 때문에 종종 오해가 발생하곤 한다. 본 길라잡이는 정보 제공자와 기자 사이에 일어날 수 있는 모든 상황이나 문제를 다룰 수 없지만, 인터뷰나 기자회견을 위해 실제 활용 가능한 힌트를 얻고 정신적 준비에 도움을 받을 수 있을 것이다. 내용을 보면, 제1장, 성공적인 대언론 관계를 위한 일곱 가지 금기 사항, 제2장, 인터뷰 준비, 제3장, 인터뷰, 제4장, 보도 이후의 처방, 제5장, 언론인은 누구인가?, 제6장, 정보 제공자 분석, 제7장, 특수 상황으로 나누어 정리하였다.

《대한민국 오피니언 리더를 위한 미디어 트레이닝》커뮤니케이션북스은 조금 특별한 책이다. 이 책은 방송에 맞는 미디어 트레이닝 지침서로서 저자가 방송 작가로서 지난 14년간 TV 토론 프로그램과 라디오 시사 프로그램의 최일선에서 겪은 경험과 정치인을 대상으로 미디어 트레이닝을 한 경험을 토대로 삼아 정치인, 기업인, 학생에게 미디어 시대에 맞는 커뮤니케이션 방법을 제시한다.

본문은 강금실, 고건, 홍준표를 비롯해 김근태, 박근혜, 오세훈, 전여옥, 유시민 등 뉴스에서 흔히 볼 수 있는 공인의 화법을 네 가지 미디어 역량 Media Ability 기준으로 분석한다. 아울러 2006년 서울시장 선거 과정을 살펴보면서 성공적인 미디어 화법이란 무엇인지 제시한다. 이 책을 펴낸 출판사의 서평은 이렇다.

> 말하는 이 자체가 메시지인 미디어 시대! 말 한마디, 손짓 하나에도 메시지는 전달된다. 무엇을 말하느냐보다 어떻게 말하느냐가 더 중요한 시대! 오피니언 리더라면 반드시 알아야 할 미디어 화법의 모든 것을 담았다. 당신의 진심을 있는 그대로 전달하고 싶은가? 미디어를 통해 효과적으로 소통하고 싶은가? 대중과 미디어는 적敵보다 동지보다 어렵고 깊다.

다분히 상업적 홍보 문구 같지만 "대중과 미디어는 적敵보다 동지보다 어렵고 깊다"는 표현은 사뭇 공감을 불러일으킨다.

샐리 스튜어트Sally Stewart가 쓴《미디어 트레이닝》도 유익한 책이다. 이 책은 PR 컨설팅 회사인 프레인 앤 리의 번역으로 국내에 출간되었다. 주로 기업 홍보를 담당하는 전문가에게 유익한 내용을 다루고 있다. 성공적인 언론 홍보를 펼칠 수 있는 언론 관계의 기본을 익히고 전략적 행동과 메시지를 구사하도록 안내하는 것이 이 책의 목적인 듯하다. 기자의 곤혹스런 질문에 현명하게 답변하는 방법에서부터 어떤 소재를 기사화하는 것이 올바른 것인가, 부정적 보도를 최소화시키는 방법, 방송 출연에 있어서의 조언 등 정부나 기업이 자신의 핵심 정보를 언론을 통해 효과적으로 전달하는 노하우를 소개하고 있다. 이 책은 지나치게 홍보 업무에 치중하고 있어서, 스포츠를 전공하는 학생에게 내용 전체를 읽도록 권하기에는 무리가 있다.

그러나 '3부'인 '성공적인 인터뷰하기'에서 소개하는 조언은 기억해둘 만하다. 10장에서는 '무엇을 말하고 누구와 말하는가', '모든 상황에서의 인터뷰에 대비하라', '다양한 기자 스타일에 응대하기'에 대해 설명한다. 11장에서는 '기자에게 절대 해서는 안 되는 말', '실수를 극복하는 방법'에 대해 다룬다. 12장에서는 '어려운 상황에 직면하는 경우'에 해야 할 행동을 설명한다. '외부 견해를 구하라', '공정하지 못한 기사가 나왔을 때의 대응법', '기사에 오류가 있을 경우 상황을 개선시키는 방법', '상황을 바로잡는 다른 방법', '수정할 것이 있으면 기사화되기 전에 바로 잡아라' 같은 부분은 스포츠 전공자와 학생 선수에게도 유익하다.

해외 인터넷은
인터뷰 교재의
보물 창고다

25

미국 애리조나 대학교가 만든 〈미디어 인터뷰 가이드〉는 교직원과 스태프, 학생과 자원봉사자에게 미디어를 상대하는 구체적인 방법을 제시한 매우 우수한 교재다. 물론 문화적으로 한국과 다른 점이 많다. 하지만 대학교라는 공통분모가 있으므로, 그 상황을 감안하면 인터뷰의 구체적인 지침에 대해 익힐 만한 내용을 많이 담고 있다.[28]

비즈니스 전문가, 기업 홍보 전문가가 만든 몇몇 지침도 매우 실용적이다. 이런 정보는 인터넷에서 공짜로 구할 수 있다. 아래에 제시하는 〈미디어 인터뷰 가이드〉는 모두 인터넷에서 구할 수 있는 자료다. 이 자료는 많은 공통점과 함께 각각의 학교 또는 기업, 조직이 가진 특수성을 반영해 그 차이점을 보여준다. 처음부터 끝까지 쭉 읽어나가는 동안 별 어려움 없이 미디어 인터뷰를 잘하는 방법을 거의 외울 수 있을 것이다. 그다음엔 좋은 인터뷰 사례를 구해 읽어보며 참고하고, 실제로 해보면 좋은 경험으로 쌓일 것이다.

28 http://cals.arizona.edu/
pressrelease/interviewguide.pdf

실제 해보는 방법은 어렵지 않다. 학생이라면 동기와, 운동선수라면 동료 선수와 짝을 이루어 인터뷰어기자와 인터뷰이취재원의 역할을 교대로 하며 질문과 대답을 하는 훈련을 해보자. 그러면 나중에 사회에 나가, 혹은 프로 선수가 되어 미디어를 상대로 인터뷰할 때 허둥대거나 해야 할 말을 못하는 일은 결코 없을 것이며, 기자나 스포츠 팬은 당신을 지적이고 사려 깊은 인물로 기억할 것이다.

미국 애리조나 대학교의 〈미디어 인터뷰 가이드〉

인터뷰는 왜 중요한가?

오늘 당신의 업무와 관련해서 인터뷰를 하자는 기자의 연락을 받는다면 준비가 되겠습니까? 당신은 혼란스런 상태에서 전문가적인 식견을 요구받을 수 있습니다. 당신 업무의 어떠한 일면이 대중적이고 현실적인 이슈와 부합하는지, 아니면 대중의 흥미를 유발할 만한 학술적인 연구나 확대 방안에 대해 질문을 받을 수 있습니다. 이는 당신이 누구나 이해할 수 있도록 분명하고 정확하며 간결한 메시지를 전달할 수 있는 기회입니다.

당신의 미디어 인터뷰를 당신과 기자의 전문적이고도 친근한 만남이 되도록 만드십시오. 당신이 언론인과 대화할 때마다 당신은 당신 자신을 드러낼 뿐 아니라 당신이 수행하는 프로그램, 부서, 단과대학, 그리고 애리조나 대학교를 대변합니다. 뉴스를 통해 보도되는 것으로 애리조나 대학교와 농과대학, 생명과학 대학에 대한 대중의 인식과 신뢰에 영향을 미칠 수 있습니다. 당신은 텔레비전, 신문 혹은 라디오 등으로 캠퍼스 밖의 대중에게 다가갈 수 있습니다. 이는 당신에게 주어진 교육과 연구의 사명을 확대하고 수천, 수만 명의 대중에게 확장하게 됩니다. 이 가이드는 당신이 정확하고, 유익한 메시지를 대중에게 전달할 수 있는 비결을 제공합니다.

당신은 어떻게 인터뷰될까?

당신은 직접 대면對面, face to face하거나 전화를 이용해서 신문 또는 잡지, 아니면 텔레비전을 위한 비디오/오디오 녹화나 라디오 인터뷰를 할 수 있습니다. 또한 이메일을 통해 인터뷰가 이루어질 수도 있습니다. 인터뷰를 하는 장소는 만약 인터뷰의 목적이 정보를 수집하는 데 있다면 사무실이 될 수도 있겠지만 기사가 새로운 프로젝트나 연구에 대한 피처feature라면 그 주제를 잘 설명할 수 있는 장소가 기자를 만나기에 좋은 곳일 것입니다.

기자의 전화를 받았을 때 물어야 할 것

• 기자와 그 기자가 속한 매체의 이름, 당신의 인터뷰가 구체적으로 어떤 도움이 되는지 물으십시오. 기자가 어떤 방식으로 인터뷰를 하려고 하는지도 알아야 합니다. 대면 인터뷰인지, 전화 인터뷰인지, 아니면 이메일 인터뷰인지. 신문을 위한 인터뷰인지, 방송을 위한 인터뷰인지도 확인하세요.

• 충분히 질문하세요. 인터뷰를 연구실이나 실험실에서 할 것인

지 혹은 외부나 스튜디오에서 할 것인지 알아보세요. 시각 자료가 필요한지, 사진기자Photographer나 동영상 기자Videographer가 기자와 동행하는지. 어떤 종류의 인터뷰인지를 안다면 어떻게 준비하면 더 좋을지에 대해 아이디어를 얻을 수 있을 것입니다.

• 기자가 요청한 인터뷰는 당신에게 합당한 내용을 다루어야 합니다. 당신이 전문가로서 견해를 드러낼 수 있는 범위 안에서 인터뷰가 이루어져야 합니다. 또한 인터뷰는 정해진 시간 안에 마칠 수 있어야 합니다. 당신은 인터뷰를 거절할 수 있습니다.

• 당신은 인터뷰가 지향하는 보도 방향에 적합한 전문가가 아닐지도 모릅니다. 그렇다고 해도 이미 인터뷰를 시작했다면 너무 염려할 필요는 없습니다. 적당한 다른 사람을 찾거나 할 필요도 없습니다. 기자는 사실 자신이 쓰고자 하는 주제를 뒷받침할 특정 정보를 가지고 있다는 사실을 기억하세요. 뭔가 특별한 주제에 대해 대화하려고 인터뷰를 하는 것만은 아니니까요.

• 준비가 되지 않았다고요? 기자에게 말하세요. 15분 정도 있다가 전화를 하겠노라고. 그다음 생각을 가다듬고 나서 당신이 하기로 했던 인터뷰를 하면 됩니다.

• 기자의 마감 시간을 존중해주세요. 응답 전화를 지체없이 해주십시오. 상당수의 기자는 몇 시간 뒤나 며칠 뒤가 아니라 몇 분 안에 빠른 답을 얻고 싶어합니다. 당신과 연락이 되지 않을 경우 기자는 취재 가능한 다른 소스를 찾을 것입니다.

전달하려는 메시지에 집중할 것

　들는 사람에게 당신의 업무나 의견에 대해 간결하고도 명확하게 전달할 수 있겠습니까? 미리 준비하지 않은 채로 미디어 인터뷰를 진행하는 행위는 강의 노트를 정리하지 않은 채로 수업을 하는 것과 같습니다. 당신은 주제를 알고 있지만, 청중은 이를 파악하지 못할 수도 있습니다. 기자에게 우선사항은 청중에게 정보를 전달하는 것이지, 당신이나 혹은 대학의 대변자가 되는 것이 아님을 기억하십시오. 당신에게 요구되는 내용은 정확하면서도 적당하게 균형 잡힌 이야기, 내용입니다. 당신이 초점이 분명한 메시지를 전달할 수 있다면, 그런 요구에 훌륭하게 대응할 수 있을 것입니다. 당신이 인터뷰 도중에 단지 세 개의 요점만을 세울 수 있다면 어떻게 되겠습니까? 다음의 질문은 당신이 당신의 업무와 관련한 "그래서 어떻다는 거죠?"라는 질문에 대답하는 데 도움이 될 것입니다.

- 간략히 말해서, 어떤 일을 하십니까?

- 재미있는 점은 뭐죠?

- 이것은 새롭거나 특별한 것인가요?

- 이것이 왜 중요합니까, 누구에게 어떤 이득이 됩니까? (많은 보조금을 수령하는 것이 대중에게 가장 중요한 일은 아닙니다. 프로그램의 내용과 이 점이 더 중요합니다.)

- 공동체나 환경 속에서 이슈에 대해 설명하거나 필요성을 설명하는 대답입니까?

당신은 미디어의 전통적인 형식인 육하원칙에 따른 질문에 답할
수 있어야만 합니다. 누가, 무엇을, 언제, 어디서, 왜 그리고 어떻게.
간단한 메시지일수록, 기자가 글로 정확히 설명하기가 쉽습니다. 뉴
스 기자에게는 전체적인 연구 기획이나 프로그램의 내력에 대해 세
세히 묘사할 시간이나 여유가 부족합니다. 듣는 사람에게 맞도록 (정
보와 이야기를) 조절하십시오.

당신의 모습

상식적인 얘기입니다만 활자 매체 인터뷰에서도 당신의 태도와 모
습은 많은 차이를 만들어냅니다. 전문적으로 보이고, 여유가 있어야
합니다.

반듯하게 서거나 앉으세요. 텔레비전이나 비디오 인터뷰에서는
빨간색, 검은색, 흰색, 줄무늬 혹은 작은 무늬가 있는 옷을 피하십시
오. 복잡한 모양의 장신구, 모자 혹은 대학교 이외의 상표를 나타내
는 문장紋章이 있는 옷을 피하십시오. 그런 장신구와 모자와 옷을 착
용한다면 당신이 의도하지 않았을지라도 은연중에 특정 상표를 홍
보하게 됩니다.

큰 글자가 쓰인 티셔츠를 입은 채 인터뷰를 하면 기자나 당신의 이
야기를 듣는 사람이 당신의 이야기를 듣는 대신 그 글씨를 읽을 가능
성이 큽니다. 손짓과 몸짓을 자연스럽고도 적당히 활용하세요. 가벼
운 파우더는 얼굴이 번쩍거리는 것을 줄여줍니다.

당신이 강조하고자 하는 점에 유의하세요. 당신이 특정한 일에 대

해 설명할 때 생동감 있고 과장되게 표정과 몸짓언어를 사용한다면 기자도 당신의 이야기 가운데 그 부분을 강조할 것입니다.

인터뷰를 하는 동안

언론과 인터뷰할 때 의견이 상충하는 경우가 있을 수 있습니다. 그러나 그럴 때에도 당신은 기자와 서로 존중하는 태도에 기반을 두고 프로답게 행동하고 친절한 태도를 보여야 한다는 점을 기억해두십시오. 기자와 좋은 관계를 형성할 때 당신도 목적을 이룰 수 있는 더 좋은 기회를 얻게 됩니다. 그렇게 한다면 당신은 신뢰할 만한 취재원으로 기억되겠지요.

• 인터뷰를 앞두고, 특히 텔레비전 인터뷰를 앞두고 긴장하는 것은 당연합니다. 긴장을 풀기 위해 이렇게 해보세요. 코로 숨을 깊게 들이마시고, 입으로 천천히 내뱉습니다. 주먹을 꼭 쥐고 열까지 헤아린 뒤, 천천히 손을 풀어주는 방법도 괜찮습니다.

• 기자에게 당신의 이름, 직책, 그리고 대학교의 어느 부서에서 또는 어느 연구소에서 일하는지 알려줍시다.

• 전문용어는 되도록 사용하지 않도록 하십시오. 다른 분야에 종사하는 사람이라면 당신이 말하는 전문용어를 알아듣지 못할 수 있습니다. 그 용어를 꼭 써야만 하는 상황이라면, 일반인에게는 생소할 수 있는 용어를 설명해주세요. 두문자어頭文字語[29]를 포함하여 어떠한 생소한 용어라

29 낱말의 머리글자를 모아서 만든 준말. 예를 들어 'North Atlantic Treaty Organisation'인 '북대서양 조약기구'를 '나토' 즉 'NATO'로 표기하고 읽는다. 우리말에서는 '한국 예술문화단체 총연합회'를 '예총'으로 줄여 쓰고 읽거나 '체육교육학과'를 '체교과'로 부르는 것을 예로 들 수 있다.

도 간략하게 설명해주십시오.

• 알아듣기 좋게 적당한 크기의 정중한 목소리로 분명하게 말하십시오. 늘 침착해야 합니다.

• 요점을 이야기한 다음에는 더 말하지 않습니다. 횡설수설하거나 단답형으로만 말하는 것은 좋지 않습니다. 질문에 대한 대답을 마친 다음에 반드시 침묵을 지켜야 한다는 뜻은 아닙니다. 미소를 지어주면 됩니다.

• 대답을 하기 전에 질문을 신중하게 들으십시오. 만일 이해하지 못했다면, 다시 말해달라고 요구하세요. 어떤 일이든 분명히 해두고 싶으면, 기자에게 질문하면 됩니다.

• 인터뷰 진행자와 눈을 계속 맞추십시오. 텔레비전 인터뷰를 할 때는, 특별한 요청을 받지 않았다면 카메라 말고 기자를 바라보면서 말하십시오.

• 당신의 말이 인용될 수 있다는 점을 염두에 두어야 합니다. '오프더레코드'[30]는 없습니다.

• '노코멘트'라는 답변은 하지 마세요. 당신이 "노코멘트"라고 말하면 대부분의 사람이 어떤 일에 대한 잘못이 당신에게 있을 것이라고 생각하게 됩니다.

• 질문에 대답하다가 뭔가 실수를 했다면 인터뷰를 멈추고 기자에

30 off the record. 취재원이 언론에 정보를 제공하거나 기자와 인터뷰할 때 그 정보의 배경이나 상황을 이해할 수 있도록 알려주기는 하지만, 취재원을 비롯한 정보의 출처를 공개하지는 말아달라고 조건을 붙이는 일이다. 때로는 이러한 제한 조건을 전제로 언론에 제보하는 정보로서 백그라운더backgrounder라고도 한다. 이와 달리 출처를 밝혀도 좋다고 하면서 알려준 정보는 '온더레코드on the record'다. '오프더레코드'의 약속을 지키는 것이 취재 기자의 기본적 자세이지만 그 정보가 여론의 조작을 위한 것이거나 언론의 규제를 위한 것일 때 등 특별한 경우에는 지키지 않을 수도 있다.

게 차분하게 다시 시작하겠다고 말하세요.

인터뷰의 녹음

기억하세요. 당신이 공식 인터뷰를 마친 뒤에도 녹음기는 계속 녹음을 하고 있거나 카메라가 녹화를 계속하고 있을지 모릅니다. 비디오테이프에 녹화된 자료는 '비-롤B-roll'[31]이라고 해서, 텔레비전 방송에서 장면을 전환할 때에 시청자에게 흥미로운 화면을 제공하기 위해 사용됩니다. 정식 인터뷰를 할 때처럼 말하고 행동했다면, 이 자료는 당신에게 도움이 될 것입니다. 때때로 기자는 당신에게 인터뷰 내용을 간략하게 정리해서 다시 설명해달라고 요청하기도 할 것입니다. 이때 당신은 전에 말했던 것과 같은 용어를 사용해서 다시 설명할 수 있습니다. 전화 인터뷰를 할 때는 그들이 녹음을 하고 있을 것이라고 가정해야 합니다.

31 B-roll은 편집되지 않은 전체를 담은 비디오테이프다. 필요한 부분만 골라 편집한 비디오테이프는 A-roll이다. 텔레비전 뉴스에서는 A-roll이 사용될 것이다.

매체 선정

기자나 뉴스를 다루는 매체에 기삿거리를 제공하기로 했다면, 다음과 같은 점에 유의해야 합니다.

• 절대로 경쟁 관계에 있는 신문사나 방송사에 동시에 같은 내용을 제공해서는 안 됩니다. 신문사와 방송사에서는 당신이 제공하는 정보가 단독 기삿감이라고 생각할 것이고 그렇지 않다는 사실을 확

인하면 아예 뉴스에서 빼버릴 수 있습니다.

• 한 매체에 소속된 기자나 다른 부서에 같은 정보를 제공하면 안됩니다.

인터뷰를 마친 뒤

발행되기 전에 내용을 확인할 수 있으리라 기대하지 않는 것이 좋습니다. 그러나 기자가 불명료하다고 생각할 수 있는 부분이 있으면 어떤 자료에 대해서든 다시 검토할 수 있다면 좋겠다고 언급하세요. 마감일을 알아보고 정해진 마감일자 안에 자료를 추가하는 데 제약이 없는지 확인하십시오.

당신이 인터뷰할 때 정확히 기억하지 못했던 소소한 부분이나 해명해야 할 부분 등에 대해 추가로 정보를 제공하기 위하여 기자에게 전화하는 일을 두려워할 필요는 없습니다. 당신은 인터뷰 결과물을 컨트롤할 수 없습니다. 소소한 문제가 있더라도 내버려두십시오. 만약 결정적으로 잘못된 부분이 있다면 주저없이 기자에게 연락해서 당신의 입장을 차분히 설명하면 됩니다.

당신이 기자와 좋은 관계를 맺었다면 마감 시간의 여유가 있을 때 다른 이야깃거리를 가지고 기자와 의견을 교환할 수도 있습니다.

윤리를 인식하는 코드

언론인이나 언론 매체의 윤리는 대중의 인식과 일치하지 않을 수 있습니다. 언론인이나 언론 매체의 윤리는 정보가 내포하는 편견이

32 원문에는 "더 많은 내용을 읽고자 한다면
http://www.azstarnet.com/
staff/CodeOfEthics.pdf를 참조하라"고
돼 있다. 하지만 이 페이지는 2011년 10월 현
재 삭제되어 없다. 그러나 같은 내용을 《더 캔
자스시티 스타The Kansas City Star》에서 읽
을 수 있다. 인터넷 주소는
http://www.kansascity.com/code_of_
ethics/이다.

배제된 진실과 정보의 정확성에 기초해 작동하기 때문입니다. 여기 그러한 사실을 잘 보여주는 예가 하나 있습니다. 〈더 애리조나 데일리 스타The Arizona daily star〉에서 찾아낸 것입니다.

"우리가 우리의 독자에게 믿을 수 있는 존재로 보이길 기대한다면, 우리는 우리의 독립성을 위협하는 그 어떠한 요소로부터도 자유로운 가운데 '진실'을 적극적으로 찾아내고 완벽하게 보도해야만 합니다." [32]

상기할 점

정보산업과 대학은 다릅니다. 신문사와 방송국은 속보를 간결하면서도 효과적으로 전달하는 데 초점을 맞추고 있습니다. 그와 달리 대학은 여러 달 혹은 여러 해가 걸릴 수도 있는 연구와 조사, 분석을 신중하고도 침착하게 수행해나가지요.

하지만 기자와 대학 종사자는 모두 정확하고 분명한 이야기를 그들이 상정하고 있는 청자에게 전달하고자 하는 목적을 공유합니다. 당신이 복잡한 과목을 가르치는 교수이거나, 높은 기술 수준을 요하는 연구실에서 연구하는 사람이거나 주립 대학에서 농업 관련 연구와 지도 등을 병행하는 공동체의 농업 연구원extension agent이라 할지라도, 당신은 당신의 메시지를 분명하게 전달해야 합니다.

당신과 관련한 언론 보도의 인용

당신이 인터뷰한 내용이 신문에 보도되었거나 텔레비전에 방송된 다음, 당신은 그 내용을 당신이 일하는 부서의 웹사이트에 게재하거나 동영상 자료를 프레젠테이션에 사용하고 싶을 겁니다. 그러나 저작권을 침해하지 않기 위해서 조심스럽게 처리해야 합니다. 당신의 인터뷰라고 해도 기술적으로는 당신의 소유가 아니기 때문입니다.

발행된 자료의 인용에 대한 특정한 규정이 없으므로 저작권을 소유한 언론 매체에 개별적으로 문의하는 것이 가장 좋은 방법입니다. 인터뷰한 기사를 인쇄해서 사용하려면 당신은 기사마다 승인을 요청해야 합니다. 일부 매체는 이러한 서비스를 제공하기도 합니다. 또 방송 매체에 따라서는 텔레비전으로 방송된 내용을 복사한 비디오테이프를 주는 경우도 있습니다.

기타

아래에 제시하는 자료는 당신의 이름, 소속 대학과 전문 분야 등에 대해 정확한 정보가 전달되도록 하는 데 도움이 될 것입니다.

- 당신의 명함
- 당신의 프로그램에 대한 소책자나 설명서
- 기자가 배경지식을 요청했을 경우 제공할 연구 논문의 복사본
- 기자가 멀티미디어라고 생각할 수 있는 자료, 시각적으로 아주 좋은 인터뷰 장소를 제안함으로써 당신의 주장을 더욱 효과적으로

전달할 수 있습니다. 흥미로운 사진이나 그래픽, 지도 등이 첨부 돼 있다면 더욱 흥미롭겠지요.

미디어 인터뷰를
잘하기 위한
13가지 조언

26

〈미디어 인터뷰를 잘하기 위한 13가지 조언Thirteen Tips for Great Media Inter views〉은 미국 조지아 대학교의 패트리셔 토머스가 썼다. 짧은 글이지만 매우 실용적이고 무엇보다 어렵지 않게 정리되어 있다. 이 글은 http://www.pantaneto.co.uk/issue28/thomas.htm에서 확인할 수 있다.

1 인터뷰 준비

5분이나 10분 후에 다시 전화를 걸어도 되겠느냐고 기자에게 물어볼 것. 그런 다음 그 시간을 이용해서 당신의 생각을 정리하고 자료를 확인하며 다른 중요한 정보를 입수해 놓을 것. 기자가 알고자 하는 가장 중요한 정보를 머릿속으로 점검하라. 만일 다른 전문가를 당신 대신 추천하고 싶다면, 그의 연락처를 알아두어라. 깊은 호흡을 몇 차례 하고 똑바로 앉아 미소를 띤 채 전화를 걸어라. 당신이 새로운 연구 발표에 대해 기자나 리포터와 얘기를 나눌 때, 인터뷰를 준

비하는 규칙에 있어서 단 하나의 예외는 미디어
블리츠[33]뿐이다.

2 기자를 존중하라

"나의 고도로 전문적인 연구에 대해서 당신이 무슨 자격으로 기사
를 쓴다는 거지요?"라고 물어서 기자에게 수모를 주어서는 안 된다.
이런 질문은 인터뷰 분위기에 찬물을 끼얹는 것이다.

3 기자의 독자나 청취자가 사전 지식을 어느 정도 가졌는지 물어라

기자는 독자가 그의 전부라는 사실을 안다. 〈더 애틀랜타 저널 앤
드 콘스티튜션The Atlanta journal & Constitution〉을 정기 구독하는 독자는
〈생명과학Bioscience〉이나 〈보존 생물학Conservation biology〉의 독자만큼
지구의 생태 수용 능력에 대한 모형 제작의 새로운 방법에 대해 알고
싶어 하지 않는다.

4 예를 들어 설명하라

당신이 가장 최근에 한 발표나 혹은 언급해주길 요청받은 일화 등
을 당신의 어머니나 당신의 고등학교 때 선생님, 혹은 비행기 옆 좌
석에 앉은 처음 만난 사람 같은 특정 주제에 대한 비전문가 독자에
게 시각적으로 설명한다고 생각하라. 이를 위해 비유와 은유를 사용
하라. 스포츠, 요리, 정원 손질, 자동차, 집수리 혹은 유명한 텔레비
전 쇼나 음악처럼 소비자가 조금이라도 알 만한 소재로부터 이미지

를 빌려오라.

5 기자와 협력하라

노련한 기자는 종종 인터뷰 도중에 은유나 비유를 사용하고 형식화하고자 노력한다. 이럴 경우에는 가능한 한 기자가 이미지를 명확하고 정확하게 사용할 수 있도록 함께 작업해야 한다. 비유는 그럴듯했지만 전체적으로는 정확하지 않다면, 기자와 함께 이를 바로잡아라. 그렇지 않고 잘못된 비유가 발표되었다가는 당신만 망신을 당하게 된다.

6 'So what?'은 어려운 질문이다

"그래서 뭐가 어떻다는 건데?"라는 식의 질문에 답할 간결한 대답을 준비해라. 쉬운 말로 당신의 메시지가 지니는 중요성에 대해 설명할 준비를 해두어라. 당신의 발견은 이전에 알려진 사실에 추가되는 자료인가? 전통적인 지식을 바꿀 만한 발견인가? 현재의 국민 건강 지침을 뒷받침하는가? 건강을 위해 권장되는 운동이 사람을 질병으로 인도한다는 건가?

7 '온더레코드'와 '오프더레코드'

당신이 하는 모든 말은 공개를 전제로 한다. 만일 당신이 특정한 부분에 인용되고 싶지 않다면, 그 부분에 대해 오프더레코드를 요구하라. 어디부터 온더레코드인지 분명히 해두어야 한다.

8 즉흥적으로 말하지 마라

어떠한 사실이나, 통계자료에 대해 확신할 수 없을 때 즉흥적으로 이야기하지 말 것. 웹사이트나 일반적인 참고 서적 가운데서 찾을 수 있는 것이라면, 기자나 리포터에게 찾아보라고 알려주어라. 당신이 생각하기에 기자의 마감 시간 전까지 답을 찾아낼 수 있을 것 같으면 그렇게 제안을 하고 넘어가라.

9 열정을 보여줘라

당신이 가진 정열과 당신의 작업에 대한 열정은 다른 사람에게 흥미를 불러일으킨다. 냉정한 '과학자다운' 무심함은 팔릴 만한 얘깃거리가 못 된다. 당신이 어렸을 때 바다에 원유가 유출된 처참한 광경을 목격했기 때문에 해양 환경 운동가가 되었다면, 혹은 최근에 그 수가 현저히 감소한 특정한 종류의 개구리를 몹시 좋아한다면 그렇게 이야기하라! 당신의 종조부가 사람의 생명을 구했거나 가정의 에너지를 보다 효과적으로 사용할 수 있는 장치를 발명했다면 그 이야기를 하라. 언제든 가능하면 사람들이 흥미 있어 하는 이야기를 가지고 당신의 생각을 표현하라.

10 분명히 말해야 할 것

새로운 사건이나 새로운 발견의 뜻을 어림짐작하고 있는 중이라면 그렇다고 이야기할 것. 전문가의 의견은 비전문가인 독자에게 상당히 가치 있는 시각을 제공한다. 그러나 그것은 항상 사실이 아니라

추측으로 간주된다. 당신이 말하는 내용이 사람의 일상적인 삶을 급진적으로 변화시키고 위태롭게 만들며 일시에 뒤바뀌게 하려는 것이 아님을 분명히 하라.

11 당신의 신뢰도를 높이는 방법

다른 어떤 곳에서 추가 정보를 얻을 수 있는지, 또 누구를 인터뷰하면 좋은지 제안하는 데 후하게 행동할 것. 과학자는 알려지지 않은 것을 발견하는 것을 좋아하고, 많은 지식인은 새롭게 발견된 많은 리서치에 동의하지 않는다. 당신의 연구와 비슷하지만 결과에 대한 해석을 달리하는 연구자나 전문가를 포함해서 다른 전문가를 추천할 때, 당신의 신뢰도는 한층 높아질 것이다.

12 발행되기 전에 기사를 보자고 하지 마라

대부분의 신문과 잡지는 이를 금한다. 대신에, 전화나 이메일을 통하여 추가 질문에 대답할 수 있다고 제안하라. "인터뷰를 할 때 그 질문에 대하여 정확하게 설명했는지에 대한 불안을 떨쳐버리기 힘들다"고 고백하는 몇몇 과학자도 있다. 이와 같은 발언은 기자로 하여금 전화를 걸어 사실을 확인하게 만든다.

13 기상천외한 질문을 받을 때도 있다

당신이 환경친화적인 경제개발의 전문가임에도 불구하고 기자는 느닷없이 개구리 기생충에 관한 최근의 보도를 들먹이며 당신의 '전문가적인 견해'를 물어올지도 모른다. 공연히 위험을 감수하기보다는 당신의 전문 분야에 충실한 태도를 유지하는 것이 훨씬 현명한 방법이다.

미디어 인터뷰를
위한
요긴한 귀띔

27

〈미디어 인터뷰를 위한 귀띔Helpful hints for media interviews〉은 '더 텍사스 A&M 유니버시티 시스템The Texas A&M University System'의 홈페이지http://system. tamus.edu/facultystaff/interviews.html에서 확인할 수 있다.

1 인터뷰를 시작하기 전에

• 인터뷰 요청을 받거나 다른 매체에 나갈 기회가 생기면 당신이 속한 조직의 커뮤니케이션 또는 인포메이션 담당 부서와 의논하라.

• 인터뷰와 관련한 세부 사항을 알아볼 것. 시간은 어느 정도 걸릴 것인지, 생방송인지 녹화인지, 라디오 인터뷰라면 청취자가 질문 사항을 전화로 물을 수 있는 형식인지, 패널 토론인지 혹은 일대일 인터뷰인지, 활자 매체와의 인터뷰라면, 사진가가 동행하는 인터뷰인지.

• 3~5개의 요점을 준비해야 한다. 이 메시지는 당신이 하고자 하는 모든 답변 가운데 포함될 수 있는 핵심적인 아이디어다. 당신이

속한 조직의 커뮤니케이션 또는 인포메이션 담당 부서에서 도와줄 것이다.

• 질문을 예상하고 답변을 미리 준비해두어라. 인터뷰를 할 때 메시지에 집중하는 데 있어 매우 중요할 것이다.

• 가능하다면, 미리 연습을 하거나 가상 인터뷰를 녹음하거나 녹화해보라.

• 의상을 신중하게 골라라. 대체로 정장 타입의 다소 보수적인 의상을 고르는 것이 좋다. 파스텔 톤 혹은 무채색이 가장 좋다. 카메라는 검은색, 흰색, 밝은 빨강, 체크무늬나 가는 세로줄 무늬 의상 또는 오늬무늬처럼 잔무늬가 반복된 의상과 같이 콘트라스트가 강하거나 두드러진 색을 잘 잡아내지 못한다. 텔레비전 인터뷰를 할 때는 무선 마이크와 전송기를 착용하기가 쉽다. 그럴 경우 전송기를 착용할 수 있도록 주머니가 달렸거나 벨트가 있는 옷을 입는 것이 좋다.

• 15분 전에 인터뷰 장소에 도착하여, 핵심 메시지를 다시 검토하라.

• 쉽지만 막상 하려면 어려운 일이 말하기다. 하지만 여유를 잃지 말고 집중할 수 있도록 노력하라. 깊은 호흡을 하고 손가락 끝을 맞대고 양손을 지그시 눌러주는 동작은 긴장감을 더는 데 도움이 된다. 기억할 것! 당신은 인터뷰 주제에 관한 전문가다. 당신이 돋보일 기회다.

2 인터뷰 도중

• 모든 질문에 대하여 당신의 요점과 관련지어 대답하고 그 요점을 기회 있을 때마다 언급하라. 가장 핵심적인 내용으로 모든 답변을 시작하라. 답변은 되도록 간결하게 하라.

• 카메라가 돌아가지 않고 있거나 혹은 기자가 노트북을 내려놓고 있다고 할지라도 당신의 모든 발언은 보도 대상임을 명심하라. 당신의 코멘트가 대중에게 전달되기를 원치 않는다면, 말을 하지 마라.

• 전문용어, 일반적이지 않은 두문자어頭文字語, 기술적인 어휘를 사용하지 말 것. 대중은 알 수 없는, 전문가 사이에서만 통하는 용어나 개념은 인터뷰할 때 사용하지 않는 게 좋다. 설명을 단순하게 하고, 적당한 비유를 이용하여 어려운 개념을 이해할 수 있도록 돕자.

• 서둘러 답변하지 마라. 질문을 받은 다음에는 1, 2초 정도 여유를 두고 생각을 정리하라.

• '음', '에', '글쎄', '있잖아요' 같은 이음말[34]은 가능한 한 사용하지 않도록 주의한다.

• 답변은 짧게 하라. 방송되는 사운드 바이트[35]는 평균 10초에 불과하다. 메시지의 요점을 전달하였다면 이야기를 멈춰라. 말하는 사람이 아무도 없다 해도 긴장할 필요없다. 기자가 다음 질문을 할 때까지 기다리면 된다.

• "이렇게 되었습니다", "이렇게 이루어졌습니다"보다는 "제가 했습니다" 하는 일인칭으로 말하라. 정중하고, 진실하

34 filler word, 별다른 의미 없이 문장이나 말 사이를 채우는 말.
35 sound bite. 정치인이 라디오나 텔레비전의 뉴스 프로그램에서 발표하는 간단한 논평이나 인터뷰, 연설 등의 핵심적인 내용.

고 친절하게 이야기하되 전문가적인 톤을 유지하라.

• 질문을 받을 때마다 애초에 당신이 인터뷰를 통해 말하고자 한 요점을 기억하라. 기자가 당신이 답할 수 없는, 혹은 답하지 않을 질문을 할 수 있다. 그럴 때는 이렇게 대답하라. "이 사안에 대해서는 설명할 수 없습니다. 그러나 이것은 이야기할 수 있습니다", "매우 흥미롭군요. 하지만 이 인터뷰에서 다루는 사안은" 질문의 요지가 모호하거나 이해하기 어려운 것은 다시 한 번 정확히 해달라고 요구하라.

• "노코멘트"라는 대답은 절대로 하지 말아야 한다. 이것은 당신을, 가책을 느끼고 있거나 믿을 수 없는 사람처럼 보이게 한다. 만일 당신이 분명하게 말할 수 없는 부분이라면, 당신이 할 수 있는 말과 당신 메시지의 요점을 반복해서 이야기하라. 기자가 질문을 하는 과정에서 사용한 부정적인 단어 혹은 불분명한 사실을 반복해서 말하지 마라. 불분명한 것을 간단히 바로잡고, 적절한 요점을 반복해서 이야기하라.

• 당신이 공식적인 입장에서 인터뷰를 하는 것이라면, 절대로 A&M 시스템 규정과 모순되는 이야기를 해서도 안 되고, A&M 시스템을 부정적인 모습으로 비치게 해서도 안 된다.

• 기자와 눈을 마주쳐라. 이러한 자세는 기자의 집중을 유지하게 할 뿐만 아니라 당신을 자신감 있는 사람으로 보이게 한다. 카메라를 보거나 고개를 숙여 마이크에다 대고 이야기하지 마라.

• 고개를 끄덕이지 않도록 조심하라. 기자가 하는 말에 암묵적으

로 동의하는 것으로 비칠 수 있다. 또한 지나친 몸동작을 하거나 말을 하면서 팔을 심하게 흔들지 마라. 카메라 앵글은 당신의 과장된 몸짓을 모두 반영할 만큼 넓지 못하다.

• 기자보다 당신이 훨씬 더 인터뷰의 주제에 대해 잘 알고 있음을 마음에 새기고 적극적으로 인터뷰에 응하라. 당신의 이야기를 할 수 있는 이 기회를 이용하라.

3 인터뷰 이후

• 당신이 제공하기로 약속했던 부가적인 정보를 신속하게 덧붙여야 한다.

• 인터뷰 내용이 언제 보도되는지 기자에게 물어야 한다.

• 기자에게 당신의 프로그램 혹은 주제를 인터뷰 소재로 선정해주어 고맙다고 인사를 해야 한다.

성공적인
미디어 인터뷰를
위한 팁

28

매우 충실한 내용을 담고 있는 이 글은 AAAS_{American Association for the Advan} cement of Science의 홈페이지_{http://communicatingscience.aaas.org/Documents/AAAS%20Me} dia%20Tips.pdf에서 찾아 읽을 수 있다.

1 좋은 인터뷰를 위한 열쇠
• 일반적인 어휘를 사용할 것. 전문적인 용어 혹은 기술적인 전문
용어는 가능한 한 적게 사용하라. 이야기와 개인적인 일화를 이용해
서 당신의 요점을 설명하고 예를 들어라.
• 답변은 짧게 하라.
• 말하기 전에 무엇을 이야기하고 싶은지 미리 생각하라. 당신의
주제에 대하여 이야기하고 싶은 두세 개의 요점을 정의해두라. 당신
의 요점을 뒷받침할 사실_{자료}, 인물 그리고 개인적인 일화를 모아라.
예상할 수 있는 질문에 대한 답변을 준비하라.

• 완전히 생각을 정리한 상태에서 이야기할 것. 기자의 질문은 아마도 편집될 것이고 당신의 답변만 고스란히 남게 될 것이다. 이 요령은 특히 텔레비전 인터뷰를 할 때에 중요하다.

• 활자 매체에서 읽고 싶지 않은 것, 라디오를 통해 듣고 싶지 않은 것, 텔레비전 혹은 인터넷을 통해 보고 싶지 않은 것에 대해서는 그 어떤 것도 이야기하지 마라.

• 자신감을 가져라. 당신이 전문가다.

2 인터뷰 전 준비

• 대화의 주제를 한 가지 정도 준비하고 두세 개 정도의 부차적인 내용을 준비할 것.

• 기자나 리포터가 던질 질문을 예상할 것. 특히 다소 어려운 것. 당신의 핵심 메시지는 무엇인가? 난해한 질문에는 가능한 한 간략하게 답변하고, 당신의 메시지로 넘어가라.

• 각종 정보, 주요 포인트 혹은 통계자료를 요약해 적은 것을 기자에게 제공할 수 있다면 그렇게 하라. 기자는 항상 '관점'을 원한다. '얼마나 많은 사람이 영향을 받았는가? 이 사항이 언제 이슈로 떠오른 것인가? 이것은 국가적인 추세의 일부인가?' 기자가 묻지 않았다 해도 이슈와 관련해 당신의 관점을 드러내는 일을 주저하지 마라.

3 인터뷰 도중에

• 가장 중요한 정보를 맨 먼저 진술하고 나서 배경과 근거를 제시

할 것.

•답변은 간략히 해야 하지만 기자가 당신의 말을 인용하는 데에 충분할 정도의 길이는 되어야 한다.

•당신의 요점에 항상 집중하고 인터뷰가 옆길로 새지 않도록 주의하라. 많은 사람이 이야기를 너무 많이 하는 실수를 저지른다. 인터뷰를 다시 제자리에 돌려놓고 싶다면, 당신의 요점을 다시 한 번 언급하라.

•인터뷰 중 당신이 말하고 있는 주제를 언급할 때 '이것'이나 '그것'으로 말하지 말고 정식 명칭을 사용해 말하라.

•기자와 시선을 마주칠 것.

•당신이 말하고 있는 주제에 대한 기자의 지식을 과대평가하지 말 것. 기자의 질문이 당신이 틀렸다고 생각하는 정보에 기초해 있다면, 망설이지 말고 기록을 정정하라. 필요한 부분이 있다면 부가적인 정보를 제공하라.

•당신이 사실을 말하고 있는지 아니면 의견을 말하고 있는지 모든 것을 분명히 하라. 의견은 당신의 것이지만 사실은 사실이다.

•질문을 이해하지 못했다면, 에둘러 말하지 말고 다시 한 번 정확히 말해달라고 요구하라. 답변을 할 수 없다면 그렇게 말하라. 가능하다면, 기자나 리포터에게 어디서 정보를 구할 수 있는지 이야기해주어라.

•특정한 질문에 대한 답이 준비되어 있지 않은 것 같은 기분이 든다면, 기자에게 나중에 답변해주겠다고 말하라. 추론하는 상황에서

토론하는 일이 없도록 하라.

- "노코멘트"라는 말은 절대로 하지 마라. 대답을 할 수 없거나, 하고 싶지 않다면 간략하게 그 이유를 설명하라. 예를 들어 "당신이 말하는 그 연구 논문을 본 적이 없기 때문에 이 질문에 대한 답변을 할 수 없습니다"라고 말하라.

- "오프더레코드"라는 요구를 하지 마라. 기자가 이 요구를 존중하든 그렇지 않든 그들은 짜증을 낼 것이다.

- 정직하라. 부정적인 정보에 대해 숨기려고 하지 마라. 대신에, 기자로 하여금 당신이 그 부정적인 문제를 해결하기 위해 노력하고 있음을 알게 하라.

- 쓸데없이 농담하지 마라. 친절하되, 자기만족에 빠지는 일이 없도록 하라. 당신이 이야기하는 모든 것은 사회적 상황에서 말하는 것조차 보도되고 방송될 것이라고 상정해야 한다.

- 기자는 침묵을 지킴으로써 당신의 심리를 불편하게 만들 수 있고, 당신이 원치 않는 얘기를 꺼낼 수도 있다. 질문을 하는 동안에는 조용히 기다리는 게 가장 좋다. 잡담을 하거나 혹은 과장된 말때로는 긴장해서 하는 소리로 그 시간을 때우려 하지 마라.

- 마지막 말을 명확하고 간결하게 함으로써 당신의 요점을 다시 한 번 강조하라. 메시지를 정확히 전달하지 못했다고 느낀다면 마지막에 다시 한 번 강조하라. "제 생각에는 우리가 이 사실을 놓친 것 같네요, 매우 중요한 이슈인…"과 같이 말하라.

4 과학자를 위한 미디어 커뮤니케이션 요령

• 논문이 발표되는 주에 여행을 떠나지 말 것. 매체는 당신과 이야 기하고 싶어 하지, 홍보 담당자와 이야기하고 싶어 하지 않는다.

• 파워포인트로 만든 발표 자료만 주지 마라.

• 당신의 작업은 흥미롭지만, 당신은 과학자가 아닌 사람과 이야 기하는 법을 배워야 한다. 늘 이 점을 유념하라. 가족과의 저녁 식사 때, 치과의사와 있을 때, 비행기를 타고 있을 때. 기자 역시 그들과 마 찬가지로 과학자가 아니다.

• 누군가 당신이 하는 이야기를 전부 이해하지 못한다고 해도 그 사람이 멍청한 것은 아니다. 단순하게 설명하라. 한두 문장으로 이야 기할 수 있도록 노력하라.

• 추론 혹은 이미지는 설령 결점이 있더라도 요점을 짚을 수 있 다. 나는 대기층을 양파처럼 묘사해왔다. 또한 산소 나노 튜브를 슬 링키스[36], 라이프세이브 캔디[37], 그리고 나선형 계단에 비유해왔다.

• 좋은 사진은 당신의 작업을 더욱 주목받게 할 수 있다. 사람들은 보기 좋은 것을 좋아한다.

• 기자의 마감 시간은 대개 당신의 마감 시간과 다르다. 되도록 빨 리 답변을 주어라. 기자가 불과 몇 시간 만에 무엇인가를 기사로 만 들어내는 일은 결코 드문 일이 아니다.

• 기자에게도 시간과 공간의 제약이 있다.

• 그들은 당신의 광고 회사가 아니다. 좋은 기자는 공정한 기사를 쓸 것이다. 걱정 마라.

36 Slinkys, 펜실베니아 기계공학자 리처 드 제임스가 발명한 코일 모양의 장난감.
37 lifesave candy, 도넛처럼 가운데 구멍이 뚫린 사탕 제품.

• 기자가 실수를 하더라도 친절하게 행동하라. 인터뷰를 한 다음 기자는 더러 실수를 한다. 뉴스 편집의 과정은 미로처럼 복잡하다. 좋은 기자는 정확성을 원한다. 그들이 기사를 정확하게 처리하지 못했다면 대개 문제가 되는 부분을 바로잡거나 다음에 보도할 때에 정정할 것이다. 당신이 심하게 화를 낸다면 기자는 다른 취재원을 찾을 것이고, 그의 동료에게 알릴 것이다.

미디어
인터뷰 공략법

29

〈미디어 인터뷰 공략법How to have a good media interview〉은 영국의 커뮤니케이션 전문가 로저 달링턴의 홈페이지http://www.rogerdarlington.co.uk/Mediainterview.html 에 있다.

- 당신은 미디어에 특정한 주제에 관하여 혹은 특정한 조직의 전문가와 이야기할 수 있는 사람으로 보여야 한다. 언론 릴리즈의 바탕에 이와 같은 디테일을 설정함으로써 미디어를 어드바이스하라. 또 당신의 조직이나 혹은 주제에 대해 흥미를 보일 것 같은 조직과 접촉하라.
- 미디어에 집, 직장 그리고 핸드폰 번호와 이메일 주소와 같은 모든 연락처를 줌으로써, 언제나 연락이 가능한 상태로 있어라.
- 가능한 한, 매체와 연락이 닿았을 때 언제라도 인터뷰를 할 수 있는 상황에 있을 것. 방송인은 짧은 연락만으로도 인터뷰를 해줄 수

있는, 의지가 되는 사람을 좋아한다.

• 만일 스튜디오에서가 아닌 라디오 인터뷰라면, ISDN 전화선을 이용하도록 하라. 이것이 좋은 소리를 스튜디오 쪽으로 전달한다. 만일 당신의 부서가 ISDN 선을 가지고 있지 않다면, 빌리자고 부탁해야 한다.

• 스튜디오가 아닌 텔레비전 인터뷰라면, 당신이 진지하고 전문적으로 보일 수 있는 알맞은 인터뷰 장소를 찾아라. '산업'에 관련된 인터뷰일 경우, 당신은 주로 조용한 사무실에서 책을 뒤로 한 채로 인터뷰하는 매니저의 모습을 보았을 것이다. 반면, 노동단체 임원의 인터뷰는 대체로 자동차 등이 달리는 시끄러운 길에서 이루어진다.

• 텔레비전 인터뷰라면 단정하게 차려입고 화면에 이상하게 보일 법한 패턴이나 줄무늬가 있는 옷을 피하라.

• 텔레비전 인터뷰라면 질문을 받을 때나 대답을 할 때나 항상 인터뷰 진행자의 눈을 반드시 똑바로 바라봐야 한다.

• 기록되는 인터뷰에서 당신이 오류를 범했거나 한두 줄 실수를 했을 때, 다시 새롭게 답변을 해주는 것을 두려워하지 마라. 그냥 잠시 말을 멈춘 다음 "미안합니다만, 이 질문에 다시 한 번 대답할 수 있을까요?"라고 물어라. 이는 그들이 문제점을 편집해내는 데에도 도움이 된다.

• 인터뷰를 하기 전에, 물어봄직한 질문에 대해서 인터뷰 진행자에게 물어봐라. 만일 당신 생각에 그 질문이 잘못된 것이라면, 그 질문의 주제가 되어야 한다고 생각하는 요점을 정중하게 제안하라.

- 인터뷰하게 될 내용이 최신 뉴스라면, 발행되었거나 방송된 관련 뉴스나 통신사, 출판 협회의 인쇄물을 부탁하여, 인터뷰하기 전에 당신 스스로 최신 정보를 가지고 있도록 하라.

- 당신이 인터뷰 진행자의 이름을 알고 또한 상황이 적절하면, 인터뷰 진행자의 이름을 부르며 인사하는 것으로 시작하라. 예를 들어, "좋은 아침입니다, 존"처럼. 만일 프로그램 중에 전화 연결이 된 상태라면, 질문자의 이름을 이용해서 답변을 시작하라. 당신을 친절하고 편안한 사람으로 보이게 한다.

- 인터뷰에서 강조하고 싶은 두세 개의 요점을 준비하고 있어라. 그리고 어떤 질문에 대한 답변이든 반드시 이들 요점을 포함해서 이야기하라.

- 두세 개의 중요 통계자료를 생각해둘 것. 이는 당신의 요점을 입증하는 데 필요하다. 또한 당신을 박식하고 전문적인 사람으로 비춰지게 한다. 그러나 두세 개 이상의 통계자료를 이용하는 것은 피하라. 그러면 너무 거들먹거리는 것처럼 보일 테니까.

- 답변은 간단히 하라. 두세 줄의 문장으로 끝내는 것이 이상적이다. 우리는 한마디 단위의 세상에 살고 있다. 만일 당신의 인터뷰가 기록되는 것이라면, 오직 한 문장 정도만이 인터뷰에서 정확하게 등장한다고 해도 놀라지 마라.

- 한 어구 단위로 말을 쪼개라. 기록되는 인터뷰라면 필요한 것은 효과적인 어구 하나다. 만약에 문장이 더 길어지거나 지속된다면, 효과적인 어구를 맨 앞에서 강조하는 것도 좋은 생각이다.

• 한 어구를 짧게 그리고 간단한 방식으로 유지할 것을 기억하라. 만일 당신이 한 단체를 대표하고 있다면, 그 단체의 이름을 언급하며 말을 시작하는 것은 아주 좋은 방법이다. 첫 문장은 적당한 정보를 제공해야 하고 관점을 제시해야 한다. 두 번째 문장은 보다 상세해야 한다. 예를 들어 "포스트워치Postwatch가 실시한 조사에 의하면 지방 우체국 가운데 3분의 1이 새로운 요금 책정 시스템을 위한 홍보물을 보유하지 않은 것으로 나타났다"라고 말하라.

• 다수의 요점을 가진 대답을 할 때, 절대 알아채지 못하게 하라. 예를 들어서 "세 가지의 요점을 들고 싶군요"라고 했을 때, 인터뷰 진행자는 당신의 두 번째, 혹은 심지어 첫 번째 답변 이후에 끼어들어, 당신을 당황하게 만들 수 있다. 대신에, 두 번 혹은 세 번의 질문에 대한 답변을 하면서 적당히 나누어 (요점을) 드러내라.

• 답변은 간단히. 두문자어나 전문용어는 사용해선 안 된다. 라디오나 텔레비전은 대중매체다. 따라서 당신은 모든 청취자와 시청자가 당신의 분야에 대한 정보를 가지고 있다고 생각해서는 안 된다.

• 답변에 약간의 색을 담아라. 예를 들어 "경영진은 우리 머리에 총을 겨누려 하고 있습니다"라고 대답하라.

• 절대로 냉정을 혹은 평정을 잃어서는 안 되고, 강하게 화를 내서도 안 된다. 이는 전문가답지 못한 행동이다. 게다가 청취자 혹은 시청자는 당신보다는 인터뷰 진행자의 편에 가깝다. 청취자나 시청자는 인터뷰 진행자는 알고 있지만, 당신은 알지 못한다. 당신이 단호하게 반응하고 싶다면, 다소 거친 질문에 "그건 다소 공평하지 못하

군요. 왜냐하면…"과 같은 식으로 반응하지 말고, 약간 비꼬는 투를 이용하라. "아주 좋네요, 아주 친절한 질문이에요"라고.

• 임팩트 있는 문장으로 마무리하라. 인터뷰 진행자는 "마지막으로, 이것을 물어보고 싶네요"라는 말로써, 인터뷰의 끝을 알리는 신호를 보낼 것이다. 생방송 인터뷰일 경우 그리고 당신이 인터뷰로 정해진 시간이 얼마나 남았는지 알 때에는, 마지막 질문이 언제쯤 나올지 예상하기 쉬울 것이다.

• 마지막 답변을 강한 단어로 마무리하라. 예를 들어서 "우리는 모든 역량을 동원해서 우리의 목표를 추구할 것입니다"라든가 "우리가 원하는 것은 오직 정의뿐입니다"라고 하라.

• 생방송 인터뷰라면 인터뷰가 끝난 뒤 출구로 나가는 모습이 화면에 잡히지 않고 스튜디오 안에 소음이 들리지 않는 상태에서 화면 밖으로 나갈 수 있는지 확인할 것. 만일 마이크를 달고 있다면, 인터뷰 장소를 떠나기 전에 마이크를 빼도록 하라.

• 인터뷰를 마칠 때, 프로그램 제작자 그리고 연구원에게 이런 기회를 준 데 대해 감사의 뜻을 전하라. 그리고 어떤 인터뷰라도 항상 가능하다는 사실을 확인해주어라.

• 모든 것이 끝났다면, 머릿속으로 빠르게 인터뷰 내용을 반추해볼 것. 가능하다면 인터뷰를 듣거나 보도록 하라. 만일 그 가운데 좀 더 나은 답변을 할 수 있는 질문이나, 제때 대답하지 못했던 부분이 있다면, 앞으로 있을 인터뷰 때는 어떻게 대응해야 할지 생각해보라. 그렇게 한다면, 당신은 더 나아질 것이다.

• 모든 것이 충분히 이해된 것처럼 보일 때면, 사람들은 당신이 어떤 것을 말했는가보다는 어떻게 이야기했는지를 기억한다는 사실을 마음에 새겨라. 그러니 자신 있게, 열정적으로, 친절하게 인터뷰하라. 나머지는 금상첨화다.

• 행운을 빈다!

성공하는
미디어 인터뷰

30

〈성공하는 미디어 인터뷰Successful media interviews〉는 호주의 비즈니스 커뮤
니티인 플라잉 솔로Flying Solo의 홈페이지http://www.flyingsolo.com.au/marketing/publ
ic-relations-pr/successful-media-interviews에서 찾았다.

〈성공하는 미디어 인터뷰〉는 당신의 사업을 홍보하는 좋은 방법이다.
하지만 당신이 인터뷰하는 데에 익숙하지 않다면, 인터뷰를 앞두고 의기소
침할 수 있다. 기회가 있는데 아무것도 이야기하지 못하는 대신, 불필요한
두려움을 날려버릴 몇 가지 방법을 소개한다.

1 준비

생방송 라디오나 텔레비전 인터뷰라는 것은 당신이 제대로 할 수
있는 기회가 한번뿐 이라는 것을 의미한다. 인터뷰 주제에 대한 당신
의 전문 지식을 이용하여 예상 가능한 질문을 생각해보고, 그에 따른
답변을 미리 준비하라. 이러한 질문에 대비해서 친구에게 물어보며,

질문에 대한 연습을 하라.

당신이 출연하게 될 프로그램에 대한 정보를 가능한 한 많이 찾아보라. 생방송인지 녹화방송인지, 어떤 앵글로 찍는지, 당신에게 기대하는 것이 무엇인지, 특별한 시청자를 대상으로 하는 인터뷰인지 아니면 일반인 모두를 위한 것인지. 당신의 요점이 반드시 시청자에게 흥미롭고, 유익하며 적절한 것이 되도록 하라.

2 요점에 집중하기

당신이 인터뷰를 통해 전하고 싶은 요점을 서너 가지 준비해두는 것은 아주 중요하다. 〈콴타스 토킹 비즈니스 프로그램Qantas Talking business program〉과 인터뷰를 한 적이 있다. 인터뷰의 주된 목적은 자신의 책을 홍보하는 것이었고 그래서 책의 제목을 언급할 것을 확실히 했다.

가능하다면, 포스트잇 같은 곳에 당신의 요점을 적어서 이야기하라. 대부분의 라디오 인터뷰는 4분 이내의 시간 동안 진행되기 때문에 항상 요점에 집중해야 하고, 부가적인 화제로 넘어가는 것을 경계해야 한다. (상황을) 통제하도록, 그리고 당신의 메시지를 전하는 데 모든 기회를 다 이용하도록 최선을 다하라. 적당한 질문이 나오길 기다리지 마라.

3 답변에 대하여 스스로 생각할 시간을 가져라

전화벨이 울리고, 예상치 못하게 한 기자가 당신의 사업과 활동에 관련한 질문을 해왔다. 어떻게 대처하겠는가? 당신의 명성은 이제 당신이 하는 대답에 달려 있다. 생각 없이 말하느니 기자에게 회신해주는 것이 낫다. 그것을 두려워하지 마라.

마감일을 반드시 확인하고, 이보다 늦게 답변하지 마라. 논란이 많은 화제에 관하여 답변할 때, 어떻게 잘해낼 것인지 생각하라.

4 할 말을 해라

당신의 분야에 논쟁거리가 되는 화제가 있다면, 당신의 입장을 세우고, 당신이 어떤 말을 해야 하는지 정할 것. 입장을 드러내는 것을 두려워하지 말라. 노코멘트라는 답변보다 훨씬 낫다.

5 당신의 미디어 인터뷰를 흥미롭게, 그리고 의미 있게 만들 것

실화와 실제의 예를 이용하여 당신의 메시지를 인상 깊게 만들어라. 또한 자잘한 내용은 잘라내라. 당신의 메시지를 뒷받침할 팩트가 있다면 당신은 보다 전문적으로 보일 것이다. 기억하라, 청취자와 시청자가 흥미롭다고 느낄 만한 포인트를 강조할 것.

6 매력적으로

얼굴을 맞대고 하는 미디어 인터뷰라면 계속해서 시선을 마주치고, 대화 중에 "내 목소리가, 내 모습이 괜찮을까?" 하고 신경 쓰기보다는 인터뷰 진행자에게 관심을 갖도록 하라. 당신이 눈을 계속해서 깜빡이면, 불편해보일 뿐만 아니라 뭔가 찔리는 것이 있어 보인다.

인터뷰 진행자에게 시선을 향하도록 유지하라. 당신은 당신의 주제에 관하여 자유자재로 이야기할 수 있는 것처럼 보일 것이다. 질문에 응할 때, 인터뷰 진행자의 이름을 이용하라.

7 활력 있고 열정적으로

기억하라. 따분한 답변은 편집될 것이고, 지루한 미디어 인터뷰 역시 죄다 빠지게 될 것이다. 당신은 일상에서의 모습보다는 더 활기차고 더 크게 (행동을) 할 필요가 있다. 당신이 전달하려는 내용에 생기를 불어넣어, 지루하고 절제되어 있는 것보다 밝고 열정적으로 보이는 게 좋다. 결국 미디어는 엔터테인먼트고 방송은 퍼포먼스다.

8 언어 선택에 주의하자

당신의 일에 대해서 말할 때 그 방식에 유의하라. 대화에 두문자어 등 약자나 기술적인 용어 또는 전문용어 등이 포함되어 있지 않은가? 그래서는 안 된다. 당신이 말하고 있는 주제에 대해 전혀 알지 못하는 사람을 상대로 이야기하고 있다고 생각하라.

9 답변은 간단하게

짧고 한 번에 쏙 들어오는 답변은 미디어 인터뷰, 특히나 텔레비전 뉴스에서 가장 성공적으로 통한다. 이것을 '그랩스grabs' 혹은 '사운드 바이트sound bite'라고 부른다. 간결한 답변은 무엇보다 뉴스에 꼭 들어맞는다. 당신이 텔레비전 뉴스를 시청하거나 라디오 뉴스를 듣는다면, 인용되는 코멘트의 길이가 5초에서 7초 정도라는 것을 알게된다. 만일 충분한 정보를 제공하지 못했다면, 기자가 몇 가지 부가적인 내용을 간단히 물을 것이다.

10 준비된 미디어 인터뷰이가 되자

스튜디오 인터뷰는 전화로 하는 인터뷰보다 훨씬 질이 좋다. 당신이 전화로 인터뷰를 한다면 반드시 휴대전화가 아닌 일반 전화기를 이용하고, 주변에 소음이 없도록 하라.

11 목소리 가다듬기

목소리를 가다듬으면 더 많은 자신감을 얻게 되고 당신의 음성을 보다 정확하고, 지적이게 그리고 전문가처럼 표현할 수 있다. 이는 보다 성공적인 인터뷰를 보장한다.

12 강렬한 마무리

대부분의 사람은 라디오 인터뷰의 시작 부분과 마무리 부분을 기억할 것이다. 그러므로 예를 들자면 청취자로 하여금 어떠한 행사에 참여하게 하거나 제품을 구매하도록 하는 것처럼 행동을 유발할 만한 강렬한 마무리를 하라. 그리고 마지막으로, 당신이 좀 더 편안하고 친절하게 보이게 끔 웃는 얼굴을 유지하라. 인터뷰를 즐겨라!

인 터 뷰 의
실제 사례

너그러운
카이저,
프란츠 베켄바워

31

성경 속에서 예수는 제자를 향하여 "나의 친구들아, 잘 들어라"라며 다음과 같이 말하였다. "너희는 회당이나 관리나 권력자 앞에 끌려갈 때에 무슨 말로 어떻게 항변할까 걱정하지 마라. 성령께서 너희가 해야 할 말을 바로 그 자리에서 일러주실 것이다."[38] 인터뷰는 적대적인 사람에게 둘러싸인 상태에서 심하게 추궁당하거나 그들이 원하는 답변을 강요당하는 상황과 다르다. 그러나 대부분의 인터뷰이, 특히 운동선수는 미디어와의 접촉에 두려움을 느끼거나 공식적인 인터뷰에 부담을 느낀다고 한다. 기독교의 성령과 같이 기자나 리포터의 질문에 척척 대답할 수 있게 알려주는 존재가 있다면 얼마나 좋을까.

좋은 인터뷰 기록을 남기는 인터뷰이에게는 한 가지 공통점이 있다. 그들은 준비된 인터뷰이다. 인터뷰를 하기 전에 이미 자신이 무엇을 말해야 하고 어떤 질문에 직면하게 될 것인지를 알고 있다는 뜻이다. 미디어에 자주 등장하는 소위 셀러브리티는 인터뷰에 익

38 루가복음 12장 12절.

숙한 사람인데, 이들을 상대하면서 기자는 매우 편안함을 느끼고 보도하기에 충분한 코멘트를 얻어낼 수 있다. 이들과의 인터뷰는 비교적 빠른 시간에 끝난다. 기자가 요구하는 말을 요약해서 일목요연하게 전달하기 때문이다.

나는 2001년 독일의 축구 영웅 프란츠 베켄바워를 인터뷰하였다. 당시 부산에서 2002년 한·일 월드컵에 참가하는 팀의 조를 편성하는 행사Final Draw가 열렸다. 베켄바워는 이 행사에 참가한 국제적인 인사 가운데서도 가장 돋보이는 인물이었다. 당연히 여러 매체의 기자는 그를 인터뷰하려고 노력했지만 쉽지 않았다. 그의 의사와는 무관하게 행사를 주관하는 측에서 엄중하게 경호를 했다. 경호를 맡은 담당자는 매우 공격적으로 베켄바워의 주변을 지켰는데 사나운 군용견을 떠올리게 할 정도였다.

그러나 그들의 태도에 대해 결코 불쾌하거나 부당하다고 주장할 수는 없다. 그러한 대규모 국제 행사는 언제나 테러의 위협에 직면해 있다. 1988년 서울올림픽을 앞두고 일어난 'KAL기 폭파' 사건에서 보듯 테러의 결과는 참혹하며 결코 되돌릴 수 없다. 더구나 2001년 당시는 미국에서 9.11 사태가 벌어져 세계가 테러 공포에 시달리던 시기였다.

나는 여러 가지 상황을 고려해서 조심스럽게 인터뷰를 시도하였다. 처음에는 인터뷰 자체가 쉽지 않을 것으로 보고, 베켄바워로부터 이러저러한 현안에 대한 언급을 구하려 하였다. 그러기 위해 행사에 참여하는 몇몇 국내 인사에게 부탁을 했다. 물론 그들은 나와 평소에 좋은 관계를 유지하는 사람이었고, 어지간한 일이라면 거절하지 않을 사람이기도 했다.

나는 그들에게 "베켄바워와 대화할 기회가 있을 때, 이러이러한 질문을 해서 그에 대한 답변을 듣고 나에게도 알려달라"고 부탁했다. 이런 방식으로, 양과 질 두 가지 측면에서 신문에 게재하기에 충분한 답변을 얻어낼 수 있었다. 그러나 기사를 작성하고 나니, 얼굴과 얼굴을 마주하고 나누는 대화를 통하여 써낸 인터뷰와 달리 생동감을 찾기가 어려웠다. 아마도 기사 제작 과정에서 느낀 미흡함이 나의 심사를 사로잡아 불안감을 증폭시켰을 것이다.

베켄바워는 행사가 열린 부산에서 하룻밤을 보내고 이튿날 김해공항－김포공항－인천공항을 거쳐 출국하였다. 나는 전날 써둔 기사의 게재를 미루고 부산에서부터 베켄바워를 따라붙었다. 김해공항에서 그의 사인을 받았고, 김해공항에서 김포공항을 향해 비행하는 대한항공 기내에서 몇 가지 사소한 대화를 나눴다. 그럼으로써 나는 베켄바워에게 낯익은 얼굴이 되었다. 그렇지만 그에게 "나는 기자다. 인터뷰를 하자"는 말은 하지 못하였다. 양배추나 양상추를 칭칭 감고 있는 비닐 랩처럼 베켄바워를 둘러 싼 검은 양복을 입은 건장한 사내들 탓도 있었으리라.

그러나 무엇보다도 베켄바워가 정식 인터뷰는 거절할 것이라는 지레짐작 때문에 소극적인 태도로 일관했을 것이다. 베켄바워에게 직접 들은 말은 아니었지만 그를 둘러싼 한국의 관계자대한축구협회 관계자 등가 일관되게 "인터뷰는 안 됩니다"라고 주문을 외듯 반복해서 말했기 때문이다. 베켄바워 일행이 김포공항에서 인천공항으로 향하는 리무진으로 갈아탈 때쯤, 나는 더 이상은 기회가 없으리라는 사실을 직감하였다. 다급한 마음에 주변 상황 같은 것은 다 잊어버리고 막 리무진 뒷좌석에 앉은 베켄바워를 큰 목소리로 불렀다.

"카이저!"

베켄바워가 나를 올려다보았다. 동시에 검은 양복 한 사람이 나에게 다가와 물었다.

"무슨 일이시죠?"

나는 "기자입니다. 인터뷰를 하고 싶습니다"라고 짧게 말한 다음 베켄바워에게도 같은 말을 했다. 그런데, 이런 반전이 있나? 검은 양복의 사나이는 씨익 웃더니 "하세요, 다만 시간이 별로 없네요"라고 말하고는 베켄바워에게도 "한국 기자인데, 인터뷰하겠느냐?"고 물었다. 그러자 베켄바워가 미소를 지은 채 리무진에서 내렸다.

"우리는 부산에서도 보지 않았나요? 왜 지금 인터뷰를 하자고 그러는 거죠?"

"검은 양복이 인터뷰는 곤란하다고 그러더군요."

베켄바워는 주변의 검은 양복을 휘 둘러본 다음 어깨를 으쓱했다. 그러면서 "뭐든지 물어보라"고 말했다.

나는 당시 국제 축구계의 현안과 한 · 일 월드컵 준비 상황에 대한 그의 판단과 평가, 우리 축구에 대한 이해 정도를 알기 위한 질문과 함께 우리 축구계를 향한 조언과 메시지 등을 두루 묻고자 하였다.

내가 놀란 점은 베켄바워가 이 같은 질문을 받기도 전에 이미 예측하고 있었다는 듯 간략하고도 명징하게 답변을 해냈다는 점이다. 몇몇 부분에 대해서는 내가 질문을 하지도 않았는데 자신의 의견과 판단을 말하기도 하였다.

나는 베켄바워와 마주선 채 자판기에서 빼낸 스포츠 음료를 훌쩍이며 대화했고, 이튿날 〈중앙일보〉에는 '독일 축구 황제 베켄바워 단독 인터뷰' 라는 대문을 달고 4단 크기의 박스 기사가 게재되었다.

그의 말 가운데 "축구는 단순한 운동이다. 한국의 거스 히딩크 감독은 유능한 지도자이니 그를 믿고 최선을 다해 준비하면 한국은 경기 측면에서도 훌륭한 결과를 얻을 수 있다"라고 말한 대목이 나에게 강한 인상을 남겼다. 이 인상은 아마도 훗날에 재구성되어 나의 뇌리에 정착했을 것이다. 왜냐하면 베켄바워는 그 인터뷰에서 한국의 준비 상황에 대해 비교적 길게 언급하였고, 대한민국 축구 대표 팀에 대한 언급은 매우 짧았기 때문이다.

한국은 한·일 월드컵에서 4강에 진출하는, 전례 없는 성공을 거두었다. 이 성공이 베켄바워의 언급을 회상하게 만들고 그 이미지를 강하게 증폭시켰을 것이다.

시드니 올림픽에서 만난
무라카미 하루키

32

기자는 사전에 계획하지 않은전혀 상상해보지 못했던 인터뷰를 하게 될 때가 있는데, 때로는 행운에 힘입어 꽤 괜찮은 인물과 인터뷰할 경우도 있다.

나는 2000년 시드니 올림픽을 취재하러 갔을 때, 일본인 소설가 무라카미 하루키를 메인 프레스센터MPC의 복도를 걷다가 마주친 일이 있다. 그는 올림픽 다큐멘터리 관련 책자를 제작하는 일본 매체의 청탁을 받고 시드니에 왔다. 그 결과물은 나중에 책으로 묶여《승리보다 소중한 것》이라는 제목으로 우리나라에서도 번역, 출판되었다. 막 지나가는 그를 불러 세운 나는 그에게 인터뷰를 하자고 제안했고, 그는 좋다고 했다.

나는 그를 〈중앙일보〉 취재 부스로 불러 사진을 찍고 인터뷰했다. 며칠 뒤 야구장에서 하루키 씨를 다시 만났다. 한국과 일본이 동메달을 놓고 맞붙은 경기였는데 그는 조용히 경기를 관전했다. 뒤지던 한국이 8회에 승부를 뒤집었다. 그러자 그는 손바닥으로 취재석 책상을 내리쳤다. 그러곤 벌떡 일어나 경기장을 떠났다. 나의 기억 속에 생생한 하루키의 모습이다. 나는 그가 표리부동한 인물이라고 생각하지 않는다. 본능에 충실했을 뿐이라고 이해하고 있다.

하루키 씨는 2008년에 발간된 《승리보다 소중한 것》이라는 저서를 통하여 냉철한 지성과 풍부한 인문적 지식, 그리고 따뜻하고 섬세한 문학적 감수성을 충분히 보여주었다.

'어느 날 문득 나는 여행을 떠나지 않고는 견딜 수가 없었다'

에세이집 《먼 북소리》에서 3년 동안이나 유럽을 떠돈 방랑의 변을 담백하게 피력했던 일본 작가 무라카미 하루키. 스스로를 '상주적常住的 여행자'라고 부르는 그가 올림픽의 향연에 이끌려 시드니를 찾았던 것이다.

그를 만난 것은 전혀 뜻밖이었다. 국내에서 발간된 책자에 실린 사진보다 훨씬 나이 들어보이는 그의 얼굴에서 무라카미 하루키임을 알 수 있게 한 징표는 반짝이는 두 눈이었다.

그는 올림픽 관련 다큐멘터리를 쓰기 위해 자료 수집차 경기장 곳곳과 시드니 전역을 쏘다니고 있었다. 그는 베스트셀러 장편 《상실의 시대Norwegian Wood》로 국내에 폭넓은 독자층을 보유하고 있다.

현대를 살아가는 방황하는 젊은이의 인생에 대한 짙은 허무와 고뇌를 노래해온 잿빛 시선의 작가에게 '지구촌 최고의 축제'는 어떻게 비춰졌을까. 올림픽 파크 내 메인 프레스센터에 마련된 〈중앙일보〉 부스에서 하루키를 인터뷰한 내용은 다음과 같다.

일본어 통역이 있었지만 그는 비교적 유창한 영어로 달변을 늘어놓았다. 그는 "경기장 출입이 가능한 ID카드 받기가 너무 어려웠다. 세상에 하루키가 필요하다는데 ID카드를 안 주겠다고 하더라"며 약간의 오만이 깃든 너털웃음을 시작으로 말문을 열었다.

올림픽에 무엇 하러 왔나?

올해 말 시드니 올림픽에 관한 다큐멘터리 형식의 작품을 출간할 예정이다. 경기장의 분위기를 담기 위해 지난 9일 시드니에 왔다. 낮에는 경기장을 찾아다니고 밤에는 컴퓨터 앞에 앉아 글을 쓴다. 올림픽이 끝나는 다음 달 3일 일본으로 돌아간다.

개막식은 봤는가?

한마디로 너무 길고 지루했다. 한정된 시간에 많은 것을 보여주려는 욕심이 지나쳤다. 너무 지루해 덴마크가 입장할 때쯤 경기장을 박차고 나와버렸다. 그리고 숙소 앞 생맥주 카페에 들러 맥주를 마시고 취해버렸다. 카페에서 TV로 입장식 장면을 잠깐씩 보았는데 그것도 재미있었다.

남북한이 손을 잡고 함께 개막식에 입장했다.

일본에서도 남북 동시 입장에 비상한 관심을 보이고 있다. 유감스럽게도 개막식 도중에 나와버려 직접 보진 못했지만 정말 믿기 어려운 일이다. 한국인의 꿈 가운데 하나가 이뤄진 것 아니겠는가. 무척 잘된 일이라고 생각한다는 "원더풀"을 연발했다.

경기 가운데 특히 관심이 가는 종목은?

브리즈번에 가서 일본과 브라질의 축구 경기를 관전했고 올림픽 파크 내의 야구장에도 갔었다. 그러나 정말 관심이 큰 것은 육상이다. 마라톤과 1만 미터, 트라이애슬론 등이 가장 보고 싶은 경기다. 유도나 태권도 같은 격투기 종목에는 별 관심이 없다.

육상에 관심이 많은 이유는?

에세이에서도 자주 썼듯이 나는 트라이애슬론을 즐기는 아마추어 육상 선수다. 달리기는 인간의 가장 원초적인 운동 아닌가. 달리기하는 데는 아무런 기구도 필요 없다. 오직 자신과의 싸움만 있을 뿐이다. 치열한 싸움 끝에 얻을 수 있는 희열감은 안 해본 사람은 느낄 수 없다. 달리기의 묘미는 바로 그런 데 있다.

올림픽이 중반을 넘었다. 어떻게 평가하는가?

올림픽을 내 눈으로 직접 본 것은 처음이다. 이전의 올림픽을 보지 못해 비교하기가 곤란하다. 그러나 느낌을 말하자면 너무 복잡하다는 것이다. 사람도, 경기 종목도 너무 많다. 종목 수를 좀 줄일 수도 있지 않을까.

바람직한 올림픽의 방향은?

올림픽의 본뜻이 너무 변질됐다. 예를 들어 펩시콜라 상표가 붙은 제품은 경기장에 갖고 들어갈 수 없다. 올림픽을 지원하는 경쟁 회사의 입김 때문이다. 관중은 또 너무 국수적이다. 경기장에 가면 "오지, 오지Aussie, 호주인을 뜻하는 애칭"를 외치는 관중의 비명 소리만 들려 비위가 상한다. 금메달 수로 국력을 비교하는 듯한 태도도 잘못됐다. 스포츠는 스포츠 자체로 즐기면 된다. 스포츠를 가지고 왜 애국심을 들먹이나. 선수가 메달을 딸 때 하는 국기 게양식 같은 것은 차라리 없애버리는 것이 낫다.

시드니의 생활은 어떤가?

교통이 너무 혼잡해 경기장에서 차이나타운에 있는 호텔로 돌아가기까지 한 시간 이상이 걸린다. 차이나타운에 숙소를 잡은 것은 그곳에서 사람들이 정말로 살아 있는 듯한 생생한 감을 느낄 수 있기 때문이다. 올림픽에서는 경기만 보는 것이 아니라 사람을 보고, 필요하면 그때그때 메모를 한다.

메모광인가?

원래 메모를 자주, 많이 하는 편은 아니다. 모든 것을 받아들이기 위해 노력하고 있다. 다행히 나는 다른 사람에 비해 기억력은 타고났다. 그리고 글을 쓰면서 동시에 생각을 한다. 이건 하늘이 준 재주인 것 같다.

인터뷰를 하는 동안 나는 소설가에게 너무 시사적인 질문을 많이 퍼붓고 있다는 사실을 깨달았다. 그도 어지간히 지루하고 힘든 눈치였다. 《승리보다 소중한 것》에서 "세상에서 가장 지루한 것을 꼽으라면 올림픽 개회식은 분명 10위 안에 들 것이다"라고 쓰고, 거금 10만 엔을 주고 들어간 개회식 중간에 자리를 떠버린 하루키가 아니던가. 이때 나는 문득 그가 쓴 책,《먼 북소리》의 한 구절을 떠올렸다.

버스가 와서 우리는 음식 값을 지불하고, 일주일 전부터 버리려고 마음먹었으면서도 버리지 못했던 너덜너덜한 나이키 조깅화를(어찌 된 영문인지 내가 그걸 버릴 때마다 누군가가 다시 주워다 주었다) 종이봉투에 넣고 둘둘 말아, 슬며시 테이블 밑에 놓은 채 버스에 올라탄다. 버스가 발차한다. 어휴, 간신히 버렸다고 생각했는데 그러나 이번에도 실패하고 말았다. 이야니스가 쫓아오며 버스를 불러 세운다.

"키리오스_{당신}, 이것 두고 갔어요"라며 너덜너덜 다 떨어진 내 나이키 조깅화를 내민다. 그 조깅화는 아무도 잊어주는 사람이 없는 과거의 작은 실수처럼 나를 집요하게 따라다닌다. 할 수 없이 나는 "고맙습니다"라고 말하고 그 종이 꾸러미를 받아든다. 달리 무슨 말을 하겠는가? 이렇게 우리는 크레타 섬 산골짜기의 조그마한 마을을 떠났다. 앞으로 다시는 찾아오지 않을 그 마을을.

나는 위의 대목을 떠올리며 "그때 그 조깅화는 결국 어떻게 됐느냐"고 물었다. 사실《먼 북소리》에는 그 조깅화의 운명이 분명하게 기록되어 있다. 하루키는 "레티몽에 도착했을 때 나는 이번에야말로 성공하리라 생각하며 버스 좌석 밑에다 신발을 넣은 종이봉투를 처박아두고 내렸다. 그러나 밤이 지나고 날이 밝을 때까지 나는 내내 조마조마했다. 혹시 누군가가 호텔 방문을 노크하고 그 조깅화를 불쑥 내밀까봐. 하지만 다행히 아무도 오지 않았다"라고 썼던 것이다. 그러나 나는 버리려고 은근슬쩍 떨어뜨려두고 온 조깅화를 이야니스가 기어이 찾다 준 그 에피소드가 너무 재미있어서 '결국은 버렸다'는 다음 구절을 기억해내지 못하였다. 그도 난감했을지 모른다. 그러나 "그 뒤에다가 썼듯이 다른 곳에서 결국 버렸다"고 대답했다. 그리고 우리는 한참을 낄낄거렸다. 마치 옛날의 그 일을 함께 겪었으며, 그 일이 지금 막 생생히 기억나기라도 한다는 듯이. 분위기는 상당히 부드러워졌고, 나는 그 뒤로 30여 분이나 더 하루키를 취재 부스에 붙들어두고 이런저런 질문을 할 수 있었다.

이런 일을 통해 나는 인터뷰를 할 때 인터뷰 대상자의 과거 언행이나 저술에 대해 알면 인터뷰가 훨씬 쉬워진다는 사실을 배웠다. 인터뷰를 하는 동안 적절한 대목에서 구사하는 에피소드는 분위기를 부드럽게 바꾸어줄 뿐 아니라 생각지도 않았던 재미난 언급을 선물하기도 한다.

친절한 사나이,
탄테 캐테

33

2005년 1월, 나의 여행은 회사 일과 무관하였다. 순전히 개인적인 여행이었으며, 슬픔과 기쁨이 어우러진 일주일을 보내고 돌아왔다. 나는 2002년부터 2003년까지 회사의 지원을 받아 독일에서 연수 생활을 했다. 숙소는 쾰른에 두고, 쾰른 체육대학Deutsche Sporthochschule Köln과 레버쿠젠에 있는 바이엘의 스포츠 클럽Turn-und Sportverein Bayer 04 Leverkusen에 드나들었다. 가장 많은 시간을 보낸 곳은 레버쿠젠이었는데, 지금도 많은 친구가 레버쿠젠에서 스포츠와 관련된 일을 하고 있다.

연수를 하는 동안 나는 많은 현지 교민, 독일인 친구와 선후배의 도움을 받았다. 2005년에 나는, 독일에 머무르는 동안 큰 사랑을 베푼 교민 한 분이 위독하다는 소식을 듣고 휴가를 내어 쾰른으로 날아갔다. 그분은 나와 이 세상에서 마지막 대화를 나눈 그날 오후 늦게 숨을 거두었다.

연수할 때와는 달리 레버쿠젠에 숙소를 두고 쾰른에는 볼일이 있을 때만 나갔다. 특히 바이엘 레버쿠젠 축구 팀이 홈구장으로 사용하는 바이아레나_{BayArena} 2층에 있는 클럽 하우스를 방문하는 일은 즐거웠다. 어느 날 재독 축구인 윤성규 씨_{그는 국내 프로 축구 팀 수원 삼성의 초대 단장을 역임했다}와 함께 바이엘의 홈경기를 관전했는데 전반이 끝난 다음 클럽 하우스에서 맥주를 마시다가 루디 푈러와 마주쳤다. 나는 회사 일을 하러 독일에 간 것은 아니었지만, 푈러와 인터뷰할 기회를 놓치고 싶지는 않았다. 사람 좋은 푈러는 군이 인터뷰라고 못을 박지는 않고, "클럽 하우스에서 식사나 함께 하자"며 약속 날짜와 시간을 잡았다.

다음은 그를 만나 대화한 다음 귀국하여 〈중앙일보〉의 인터넷 판에 올린 내용이다. 내가 원하는 만큼 지면을 얻지 못해 골자만 싣고 원래 분량의 기사는 인터넷에 올렸던 것이다.

우리는 이 사나이를 잊을 수 없다. 한반도가 온통 붉은빛 정열로 타오른 2002년의 6월, 세계를 향한 월드컵 코리아의 꿈을 잠재운 '전차 군단' 독일 축구의 사령탑 루디 푈러. 눈부신 은발에 콧수염이 어울리는 이 사나이는 1980~90년대 독일 축구를 대표하는 스트라이커였다. 또한 2002년 한 · 일 월드컵에서 독일을 결승 고지까지 끌어올린 명장이기도 하다.

독일 축구사에 길이 남을 업적을 쌓아온 푈러를 독일 언론과 축구 팬은 "탄테 캐테_{Tante Käthe}"라고 부른다. '카타리나 아주머니' 정도로 이해하면 된다. 소탈하고 다정한 성격 때문에 아주 친숙한 독일 아주머니의 이미지로 팬에게 각인된 것이다. 프란츠 베켄바워가 '황제_{Kaiser}', 로타르 마테우스가 '왕_{König}'으로 불리는 것과 대조적이다.

필러는 지난 1월 19일 친정 클럽인 바이엘 레버쿠젠으로 돌아와 스포츠 디렉터로 취임했다. 계약은 2007년까지로 돼 있고, 연봉은 50만 유로약 7억 원, 독일 언론 추정액 정도로 알려졌다. 필러는 "해야 할 일이 많다"며 새로운 역할에 기대를 나타냈다. 바이엘 레버쿠젠 구단의 볼프강 홀츠호이저 단장은 "필러와 함께 새로운 시대를 열겠다"고 다짐했다.

필러가 어떤 선택을 해도 언론은 비교적 호의적이다. 필러의 친화력이 그만큼 대단하기도 하지만 독일 축구에 대한 그의 헌신이 인정받고 있기 때문이기도 하다.

그는 언제나 가장 어려운 순간에 빛을 냈다. 특히 크리스토퍼 다움 감독이 코카인 복용 혐의로 대표 팀 감독에서 사임한 후 월드컵 진출 여부가 불분명한 팀을 맡는 데는 용기가 필요했을 것이다. 역대 최약체의 팀을 이끌고 2002년 월드컵 결승 고지에 이른 업적은 리하르트 바그너의 악극 〈링〉 시리즈의 결정판과도 같다는 평가를 받는다.

그를 만나게 된 것은 행운이었다. 지난 1월 29일 재독 축구인 윤성규전 수원 삼성 단장 씨와 독일 바이엘 레버쿠젠의 홈구장 바이아레나BayArena에서 벌어진 VfL 보훔과의 경기를 관전했다. 레버쿠젠은 쉽지 않은 상대 보훔의 골문에 전반에만 두 골을 넣으며 펄펄 날았다. 하프타임에 VIP 라운지에서 마주친 필러에게 "인터뷰를 할 수 있겠느냐"고 제안했다. 경기 내용에 만족해 싱글벙글하던 필러는 "다음 주 화요일2월 1일에 클럽 레스토랑에서 점심이나 같이 먹자"며 흔쾌히 허락했다.

1일에는 새벽부터 비가 부슬부슬 내렸다. 레스토랑에서 내려다보이는 바이아레나의 녹색 그라운드도 내리는 비에 축축히 젖어 더욱 짙은 녹색을 뿜어냈다. 필러는 인터뷰 장소를 3층 스카이박스로 옮길 것을 제안했다. 이곳은 경기가 열리면 스폰서 가운데서도 VIP가 차지하고 앉아 경기를 관전하고 음식과 음료수를 즐기는 곳이다. 노타이 차림의 필러는 눈길이 마주치자 버릇처럼 손바닥을 마주 비비며 푸짐한 미소를 지었다. 나는 먼저 필러에게 양해를 구해야 했다.

나의 독일어는 당신 같은 세계적인 스타와 대화하기에 충분하지 않다. 혹시 영어로 대화할 수 있겠나?

나도 영어는 좀 하지만 당신과 대화할 정도로 충분치는 않다. 미안하다. 일단 독일어로 하고 안 되면 세세한 내용은 통역에게 부탁하면 되지 않겠나? (그러나 그의 영어는 훌륭했다. 독일어를 지키고 싶었던 걸까?)

좋다. 당신은 대표 팀 감독과 AS 로마 감독직을 그만두고 다시 클럽에 돌아왔다. 현재 위치에 만족하고 있나? 클럽에서 진짜로 하는 일이 뭔가?

축구 생활을 하다 보면 지치게 돼 있다. 당신이 알다시피 바이엘은 나의 친정 클럽이고 나와 가족은 레버쿠젠에 오면 늘 편안하다. 스포츠 디렉터로서 나의 임무는 선수 발굴, 트레이드 등 우리 팀의 전력과 구조를 개선하고 체질을 강화하는 데 있다.

당신이 독일 대표 팀 감독직을 그만둘 때 아쉬워하는 축구 팬이 많았다. 사임하게 된 진정한 이유가 뭔가?

유럽 선수권대회에서 독일 팀은 성적이 좋지 않았다. 나는 유럽 선수권대회를 계기로 독일 대표 팀이 변화해야 할 시점에 도달했다는 사실을 깨달았다. 2006년 월드컵에 대비해 새로운 선수를 고르고 팀을 재구성해 새롭게 출발하는 데는 새로운 감독이 등용될 필요가 있었다.

아쉬움은 없었는가?

만족했다. 독일 축구가 어려운 상황에서 2002 월드컵 진출권을 따낸, 그 과정에서 많은 경험을 얻고 배우게 됐다. 월드컵 준우승은 내게 잊지 못할 기쁨을 안겨주었다.

한국에서는 각 클럽이 대표 선수 선발과 관련해 대표 팀 또는 축구 협회와 갈등을 빚고 있다. 이 문제는 어떻게 해결해야 하는가?

어디서나 마찬가지일 것이다. 독일에서도 물론 고민거리다. 구단에서는 선수를 지키려 하고, 대표 팀에서는 좀 더 오랜 시간 훈련시키고자 한다. 나는 대표 팀 감독으로서 각 팀 감독과 개인적으로 자주 접촉하고 대화해서 서로 입장을 이해하기 위해 노력했다. 협회의 행정은 물론 중요하다.

당신의 경험은 매우 폭넓다. 혹시 한국을 비롯한 가능성 있는 축구

개발도상국에서 봉사할 의사는 없는가? 먼 미래에라도 말이다.

나는 이탈리아, 프랑스, 독일 등지에서 선수 또는 지도자로 일했다. 많은 경험을 했고 그럼에도 불구하고 아직 젊다. 가능성은 늘 열려 있다는 점을 부인하지 않겠다. 한국이든 어디든 정식 제안을 받는다면 물론 심사숙고할 것이다.

한국에서 당신은 프란츠 베켄바워만큼이나 유명하다. 메시지를 남겨 달라.

오, 과찬이다. 2002년은 나에게 잊을 수 없는 행복한 추억으로 남아 있다. 한국 팬은 늘 친절했다. 독일이 아닌 곳에서 그토록 열광적인 응원을 받으며 경기해본 일이 없다. 다시 그 시간 속으로 돌아가고 싶을 정도다. 감사하는 나의 마음을 전해달라.

인터뷰는 끝났다. 함께 바이아레나의 그라운드를 배경으로 서서 사진을 찍고 팔이 떨어져나갈 듯 강하게 악수를 했다. 막 헤어지려는 순간, 나는 뮐러를 만난 사실이 너무 기뻐서 처음에 인사할 때 명함조차 교환하지 않았음을 깨달았다. 문을 나서는 뮐러를 불렀다.

"Herr Meister!"

휙 돌아서는 뮐러에게 명함을 내밀자 "당케"를 연발하며 받아들었다.(그냥 "당케"가 아니라 "오, 당케"였다.) 그러나 뭔가 미진했다. 수첩에 사인을 받으며 물었다. "한국 축구에 대해 말해 줄 게 없나?" 뮐러의 대답은 짧았지만 그것으로 충분했다. "존경심을 갖고 있다. 그 열정을 내년에도 이곳에서 보았으면 한다.”

이 인터뷰는 몇 개의 후속 기사를 파생시켰다. 나는 〈중앙일보〉에 퀼러와의 인터뷰를 소재로 한 칼럼을 몇 편 썼는데 다음은 그중의 하나다.

겨울 휴가를 얻어 독일에 갔을 때, 레버쿠젠에서 루디 퀼러를 만났다. 퀼러는 2002년 월드컵 때 독일 대표 팀 감독을 맡았던 인물이다. 독일 대표 선수로서 1986년 월드컵 준우승, 90년 우승을 맛봤고, 2002년에는 감독으로서 준우승을 이룩했다. 지금은 레버쿠젠 축구단의 디렉터를 맡고 있다.

레버쿠젠에서 퀼러는 프란츠 베켄바워만큼 인기 있다. 퀼러의 별명은 ‘탄테 캐테Tante Käthe’다. 케테는 ‘카타리나’를 줄인 일종의 애칭이고 탄테는 ‘아주머니’, ‘고모’ 같은 뜻으로 쓰이니까 ‘카타리나 아줌마’라고 할 수 있다. 카타리나 아줌마라는 별명은 퀼러의 친화력과 독일 사람이 그에 대해 갖는 친근감을 알게 한다. 성공한 인물이 대개 그렇지만 퀼러는 논리가 아니라 마음으로 상대를 흡수해버리는 사람이다.

레버쿠젠의 홈경기장 바이아레나BayArena에 딸린 클럽 식당에서 오후 1시에 만나 점심을 먹기로 했다. 그러나 이 오지랖 넓은 사나이는 그날 아침 깜빡 잊고 경기장 잔디 관리인과 덜컥 약속을 했다. 그의 주변엔 늘 사람이 북적댄다. 기자가 식당에 들어섰을 때 퀼러는 벌써 식사를 마치고 공들여 기른 콧수염이 젖을까 조심해가며 커피를 마셨다.

필러를 만나면 정해진 대본을 읽듯 대화가 진행된다. 레버쿠젠 축구 팀의 현황에 대해, 찬란했던 과거에 대해, 그리고 1988년 레버쿠젠에 유럽축구연맹UEFA 컵을 가져온 차범근이 얼마나 위대한 선수인지에 대해 길게 말한다. 그다음 기자는 당연히 한국에서 온 스포츠 담당 기자답게 2002년 월드컵 4강전에서 한국을 물리친 '적장'을 취재한다.

필러에게 물었다. "한국에서 대표 팀 감독을 하기는 어렵다. 클럽에서 선수를 내주려 하지 않는다"고. 필러는 씩 웃으며 늘 하던 대답을 했다. "히딩크인들 맘대로 했겠는가. 독일에서도 똑같다. 감독은 돌아다녀야 한다. 브레멘으로, 카이저 스라우테른으로, 또 뮌헨으로. 대표 팀 감독이 각 팀 감독을 자주 찾아가 만나고, 자주 대화해 서로 이해하도록 노력해야 한다."

필러가 클럽 감독과 나눈 대화의 내용은 모른다. 가장 잘 조직된 축구 시스템을 갖고 있다는 독일에서도 대표 팀과 클럽의 이해관계는 엇갈리게 돼 있다. 아마 맥주 한잔하면서 서로 "죽겠다"고 토로했을 것이다. 필러가 그 과정에서 이룩한 것은 신뢰였으리라. 그 신뢰를 기반으로 예년에 비해 전력이 약하다던 '전차 군단'은 결승까지 달렸다.

한국 축구의 올해 과제 중 하나는 2008년 베이징 올림픽 출전권을 따내는 것이다. 올림픽 대표 팀은 지난 1월 프로 구단이 대표 선수 차출에 반대하는 바람에 훈련도 하지 못했다. 당시 핌 베어벡 감독은

"이해할 수 없다"고 말했다. 지난달 28일 예멘과의 예선경기 내용이 좋지 못하자 우려의 소리가 나왔다. 베어벡 감독을 비난하는 여론도 있다.

감독의 운명은 어차피 '파리 목숨'이고, 감독은 성적으로 말한다고 한다. 그러나 대표 팀의 성적이란 단지 지도자 한두 명의 재주로 높낮이가 결정되지 않는다. 대표 팀의 순위는 그 나라 축구의 기초 체력과 대표 팀의 성적을 향한 축구 팬의 열망이 만들어내는 종합 성적표다. 대표 팀을 우려할 수 있지만 베어벡만 욕할 수는 없다.

베어벡은 거스 히딩크나 딕 아드보카트와 같은 네덜란드 사람이지만 말수가 적고 사교적이지도 않다. 그에게는 퓔러처럼 사람을 끄는 재주가 없다. 악센트가 강한 영어를 쓰는 베어벡과 우리 클럽 감독 사이에 깊은 대화가 오가기는 어려울 것이다. 그러나 그를 계속 '이해할 수 없는' 상태로 내던져두어서는 안 된다. 사실 교감이란 말로만 이룰 수 있는 것이 아니지 않은가.

삽시간에 쏟아진
말의 소나기,
조양호

34

나는 2011년 5월 30일 오후 3시부터 한 시간 10분 동안 서울 서소문에 있는 KAL 빌딩 18층 회장실에서 대한항공의 조양호 회장을 인터뷰하였다. 당시 그는 강원도 평창에 2018년 동계올림픽을 유치하기 위한 유치위원회의 우두머리였다. 2018년 동계올림픽 개최지는 7월 6일, 남아프리카공화국의 더반에서 결정될 예정이었다. 평창은 프랑스의 안시, 독일의 뮌헨과 치열하게 경쟁하고 있었다. 개최지 결정을 한 달 남짓 앞두고 유치위원장을 인터뷰해 그동안의 유치 활동을 결산하고 앞으로의 활동 계획을 점검하며 나아가 개최지 결정 투표의 결과까지 전망하는 일은 스포츠 기자로서 반드시 해야 할 작업 가운데 하나였다.

이 인터뷰를 위하여 나는 스무 개 남짓한 문항을 준비했고, 비서실을 통해 조 위원장에게 미리 전달해두었다. 그런데 실제 인터뷰는 내가 예상한 방식대로 진행되지 않았다. 조 위원장은 몇 개의 문항에 대해 뭉뚱그려 대답하곤 하였다. 그 결과 나는 다음 질문을 선택하는 데 상당한 어려움을 겪게 되었다. 대부분의 기업 총수나 정치적인 권력자가 이런 방식의 답변을 즐겨 한다. 이는 힘 있는 인터뷰이의 공통적인 답변 태도다. 인터뷰어의 입장에서는 썩 유쾌하지 않고 능률적이지도 않은 경우에 속한다.

조 위원장은 기자 입장에서 반갑지 않은 답변 방식을 선택그렇지 않았다면 유지했다고 표현할 수 있겠다했지만 부드럽고 겸손한 태도 때문에 다행히도 크게 불쾌하지는 않았다. 다만 조 위원장의 말은 발음이 불분명하고 중요한 부분에서는 우물우물하는 느낌을 주어서, 기사로 반영할 때 곤란한 대목이 적지 않았다. 이 경우 대개는 기자의 해석이 개입해야 한다. 그렇지만 동계올림픽 유치 경쟁을 하는 위원장의 발언에 과도한 해석을 달기는 쉽지 않았고 위험 부담도 컸다. 신문에는 그런 부분이 제거된 채 게재되었다. 다음은 조양호 위원장과 나눈 대화를 간추린 내용이다.

동계올림픽 결정이 한 달밖에 남지 않았습니다. 6월 한 달 동안 어디에 중점을 두고 활동하실 계획입니까?

유치위원장이라는 게자리가 애매해서 제한 사항이 많아요. 정식으로 (국제올림픽위원회 즉 IOC) 위원을 만나지도 못하고, 위원이 모이는 데 가서 같이 어울려서 설명하는 것도, 초청도 못하고 공식적으로 만나는 것도 못하고. 6월 말 스페셜 올림픽 아테네 토고 아프리카 연합 회의 가고요, 토고에선 PT프레젠테이션하고…. 딴 데 가서 만나기도 하고, 딴 목적으로, 비즈니스로 만나서 그런 얘기도 모두 한 겁니다.

IOC 위원 중 한 분이 대통령이 되었는데, 딴 일로 만났더니 그 대통령이 친절하고 고마우신 게 '세 번씩이나 도전하는 나라는 없다.

의지가 있는 나라를 찍어줘야 한다. 너하고는 친구이지만 두 번 실패하고 다시 도전하는 나라를 띄워줘야 한다'고 간접적인 지지를 했어요. 아시아 지역에서의 포텐셜이나 성장성, 두 가지 이유로 해서 이번에는 평창을 지지해야 하겠다고 하는 경우도 있고요. 인맥을 통해 만났더니 '네가 처음 찾아왔다. 널 믿어주겠다'고도 하고. 공식적으로는 못 만나지만 지연, 학연, 회사 등을 동원해 딴 일로 만나서 이야기하는 거죠. 중동에 있는 사람은 제가 탁구협회 회장도 하니까 협력방안 논의하고요. 그쪽에서도 뒷조사 다 했으니까요. 우선 '대한항공은 7월 후에 도와줄 테니' 그렇게 약속을 한 사람도 있고 회사 업무를 통해 만난 사람도 있고요. 내가 남가주 재단 이사이므로 그중에서 올림픽 관계자가 있고 그들이 네트워크 소개시켜주고 그랬죠. 그다음에 위원 소개받아서 만나기도 했어요.

유치위원장 생활은 어떠신가요, 기업가의 생활과 비교해서.

처음엔 유치위원장이 뭔지도 모르고 이렇게 어려운지도 몰랐어요. 내가 처음 한 게 탁구협회거든요. 복잡한 상황에서 맡아봐라 해서 했는데요. 동계올림픽 유치위원장 하겠느냐 해서 몇 번 만나면 다 되는 줄 알고 맡았죠. 근데 내가 알아야지. 평창 가봤더니 어마어마하게 해놓았더라구요. 그때부터 공부 시작했죠. 덴마크에서 처음 활동을 시작했는데, (관계자의) 얼굴도 몰랐죠. 인지도가 있는 대한항공의 사장이므로 명함을 주면 '그러냐' 하고, '내가 뭘 배울 게 있느냐. 조언 좀 해달라' 그러면 '한국이 지나치게 한국식으로 생각하는 게 너무 많다. 글로벌한 뷰로 어프로치 하라. 단계별로 협력을 하면서' 그러더군요. (평창이 올림픽 유치를 열망하는 사실을) 아는 사람이 많아요. 두 번씩이나 (유치 시도를) 했기 때문에. 쭉 돌아다니면서 만나니까 대한항공 인지도도 있고, 제가 기업가이고 하니까 대개 알더라고요. 대한항공 회장이 유치위원장이라는 게 인지도가 있고.

아카풀코에서 PT 하는데 미국 기자를 우연히 만나서 얘기하다가 그 기자가 미국인이고 LA에 사니까, 내가 남가주 (대학) MBA 했다고 하니까⋯ 미국 사람에 대해서는⋯ 미국에 대해 모르는 사람이 많아요. 대륙 횡단했던 얘기를 했더니⋯ 39일을 모텔에서 자고 했거든요. 여행하다 보면 맥도날드로 아침 먹고 점심엔 지나가다가 KFC 햄버거를 먹고 저녁이면 중국 요리집 가고⋯. 중간중간에 좋은 호텔 가면 관광지 못 찾아가니까. 뉴 멕시코는 반나절 가도 차가 없고. 이런 식으로 미국 얘기를 하기 시작하니까 그 사람이 관심을 보이더군요. 내가 (군대에서) 최전방 근무도 하고 월남도 다녀왔다 그러니 관심을 보이길래 뒤져보니 그때 사진이 있어서 스캐닝해 몇 장 보내줬어요. '회장이라는 사람이 어떻게 이런 걸 했느냐' 그러길래 '내가 미국에서 공부하며 보니 다들 근면하더라. 상류층 자제인데 부모에게 의존하지 않고. 그러다 보니 기숙사에서 나도 검소해질 수밖에 없더라' 그랬죠. 그러자 이 사람이 어드바이스를 해주는데⋯. 뭐 그런 얘기를 했어요.

이 내용을 담은 기사가 나오고 나서 평가단이 평창에 왔는데 그 가운데 한 사람이 '회장도 하면서 유치위원장도 하면 둘 중에 한 가지만 하는 거냐, 아니면 회장을 그만두고 유치위원장 하는 거냐. 그건 회장을 그만두고 하는 거냐고 물어요. 그래 내가 '내가 오너인데 뭘 그만두겠냐' 그러니까 그때부터 보는 눈이 달라지더라구요. 외국 항공사, 루프트한자Lufthansa를 타고 왔는데 우리 국적기 터미널로 데려왔어요. 평가단이 버스 타는 것도 까다롭게 굴었어요. 혜택을 받을까 봐. 나하고 세 명 탔는데, '내가 사무장이다' 그랬어요. 비행기하고 (버스가) 연결되니까, 간단한 거면 마이크 잡고 소개하고. 대표단이니 뭐니 앉지도 못하고 계속해서 재고해서 수송 담당자하고 수송에 대한 걸 얘기해주고. 거기에서 평가할 때에 밖에서 환영 행사 악대도 있고 한데. 맨 처음엔 자기끼리 안 내리겠다고 하다가 '그래도 몇 시간씩 고생하는데 한 번쯤 내리자. 기다리는데. 그렇게 환영하는데.' 그리 얘기했더니 '점심 먹고 내리자.' 그래요. 할머니 실사 단장이 굉장히 좋아하더군요. (마음의) 준비가 제대로 안 되어 있는 것 같더니 (환영 인파에) 어린아이가 있다 보니까 할머니가 모성애가 발동한 거죠. 영어는 못해도 '평창, 평창' 하니까 마음이 달라진 거예요. 그다음부터 접촉이 가능해지고 많이 만나고. 한국 사람이 평창을 정말로 원하는 걸 피부로 느낀 거죠. 88년 올림픽 이후 한국이 바뀌었고, 이제 또 30년이 지나 바뀔 때가 됐고, 하계 스포츠도 커지고 동계도 커졌으니 이젠 아시아 지역에서 허브가 될 수 있고 모티베이션이 될 수 있고, 다른 데선 데모하고 하는데 유치하는 걸 90퍼센트 이상이 지지하니까 (호감을 느꼈겠지요). 우리 국민이 진짜 원한다는 걸 조금씩 조금씩 알아가는 거예요. 약장사처럼 하면 짜증 나니까, 자연스럽게 며칠 다니면서 조금씩 툭툭 던져주고…. 강릉 시내에선 아줌마가 잔뜩 기다리니까 내리더군요. 떡 같은 것도 외국 사람 눈에 맞추어서 준비하고. 거기 왔던 IOC 위원과 관계자가 확 달라졌더라구요. 감성적으로 (평가단 접대를) 했던 거죠. 평창 실사 왔다 가고 나서는 얘기하는 게 확 달라졌어요. 위원도 대하는 게 달라지더라고요. 우리 모토인 뉴 호라이즌New Horizon이 아시아 지역의 성장성과 동계 스포츠 시장의 확장이라고, 그리고 한국도 밴쿠버 (올림픽)에서 5위한 거 얘기하면서 일관성 있게 쭉 얘기하니까 먹혀들어가고요. 동계 스포츠 모르던 사람들도 '아 이젠 아시아 지역에서도 할 수 있겠다.' 한 거죠. 사실 얘기하자면 태백산맥과 알프스가 비교는 안 돼요. 하지만 규격에 맞으니까. 동정론 갖고 해서도 안 되고. 정당성을 만들어서 한국을 찍어도 양심에 찔리는 것 없이 자부심을 느낄 수 있게 해야죠. 브라질도 그렇게 해서 성공했고. 이걸 일관성 있게 하니까 먹혀들어가니까요. 독일이 축제festival로 한다는 거, '뿌리root로 돌아가자'는 것은 이미 졌다는 얘기예요. 우리도 분단 상황 같은 거 내세우는 건 잘못된 접근이에요. 독일이 패닉을 하기 시작해요. 자기편이 아닌 사람도 돌아와서 사정사정하는 건 이미 패닉이죠. 전략을 너무 한국식으로 정치적으로 이용하지 않아야 해요. 외국인 컨설턴트를 썼어요. 우린 다섯 명 썼지만…, 컨설턴트를 써서 전략을 짜고. IOC 위원 개개인에 맞추어 커스텀 테일러custom tailor의 전략을 맞추는 거죠. 우린 스포츠 문외한이고 하니 그 사람들 말을 잘 들은 거죠. 맨 처음엔 무시하고 말도 안 들으려고 했지만…, 문화적 차이가 있고 하다 보니까요. 그래도 그 사람 아버지가 주한 미군이었고, 한국에 대한 열정passion이 있고, 델타항공에 있었으므로 말이 통하고요. 한국 얘기만 하고 해서 써먹을 만하기에 한번 공감을 쳤죠. 너도 열심히 내 말 듣고 잘하라. 변호사 통해 편지를 보내니까 '내가 (계속 일할) 수 있겠느냐' 그러더군요.

여러 가지로 옛날에 하던 식과는 다르게 하고 있어요. 옛날엔 강원도 위주로 했고 정부에서도 신경 안 썼죠. 과테말라에서 마지막 PT를 김진선 지사가 열심히 했는데 노무현 대통령이 (임기) 말기이고 한국 경제가 침체한 시기였죠. 푸틴은 라이징 스타rising star였고. 그러다 보니까 나라의 패턴을, 트렌드를 보면서 위원이 투표를 하는 거예요. 여기를 찍어주면 약속을 지킬 수 있는 거냐, 발전성이 있는 거냐, 그런 걸 찍는데. '노통'은 믿을 수 없지만 푸틴은 공산 독재이니까 계속 믿을 수 있다고 하니까. 한국은 편하다는 것만 얘기하니까 짜증이 나고. 지금 한국은 G20 하고 침체에서 벗어났고 대통령도 1년 이상 임기가 남아 있고. 우리가 어떻게 보면 라이징 스타인 셈이죠. 독일과 프랑스는 구라파가 침체이다 보니까… 전략도 정치적인 거 하지 않고, IOC위원이 원하는 포텐셜… 아시아 지역 시장의 성장이고. 동계 스포츠에 관심 있는 위원이 아시아 지역이 발전할 수 있다고 하고. (선진국의 동계 스포츠 시장이) 포화 상태인 반면 여기는 이제 시작이지만 새로운 시장을 개척하겠다는 게 먹혀들어 가고 있는 거예요. 장래를 위해선 아시아에서 한 번 해야 하겠다는 모티베이션을 제공하고. 박용성 회장도 스포츠계에서 경륜이 많고, 그런 사람이 적재적소에 활용을 해서 하모니 있게 전략 세워나가는 지휘자니까. 전체 하모니를 맞추면 되는 거지요. 코디네이션을 해서. 지금까지는 괜찮았어요. 독일이 로잔에서 뒤집으려고 했는데 전략을 바꿨다는 것 자체도 안 먹혀들어 가고. 더 이상 우리가 실수하지 않는 것이 중요해요.

우리나라 사람들, 그런데 벌써부터 다 된 것처럼 하는 사람들 많아요. 언론도 쿨 다운 (해야) 하고. 지금까지처럼 지원하고 해야지 우쭐하면 안 돼요. 기사 잘못 나간 거 가지고 자꾸 트집을 잡으면 (곤란해져요). 한국 건방지다고 안 찍을 수도 있다고.

지금 골인 지점이 눈앞에 보입니다. 잘될 것 같다는 긍정적인 전망도 있고요. 이렇게 되면 저마다 나도 한몫 했노라고 '숟가락'을 걸치는 사람이 있는 법인데요. 이런 점에서 불편하고 불쾌한 일은 없을까요?

다행히 대통령께서 옛날에 수영연맹 회장을 했기 때문에 잘 아세요. 한 사람으로 해서 나가야 한다는 것도 알고 있고 비즈니스 마인드도 있으니까. 내 주도 하에 나가라는 지시가 있으니까요. 주무 장관인 정병국 장관이 줏대가 있어서 중간에 끼어드는 걸 정리를 잘해줬어요. 대통령도 밀어주고 하니까. 난 국가에 봉사하기 위해서 하는 거지 이득을 바라고 하는 게 아니에요. 명예를 위해 하는 것도 아니고, 돈도 충분히 있고, 권한도 있으니…. 정치에 나가려고 하는 것도 아니고…. 국가에 봉사하기 위해, 나이가 60이 넘었으니, 그래서 하는 거니까 소신껏 같은 배를 타고 목표를 달성하자고 했죠. 누가 됐던 간에 내가 하려고 하는 건 이렇다… 내 비전을 제시했고 약속한 걸 지킬 수 있게만 하면 2018년 때 우리나라가 개최지가 되어 동계올림픽이 치러졌을 때 위원이 '평창을 찍었던 게 제대로 한 거구나'라고, 'YH양호 말을 듣고 한 게 잘한 거구나', '비전을, 약속을 지켜줬구나'라고 해야 한다는 생각. 그 생각. 이건 은메달이 없으니까요. 덤벼드는 사람이 많긴 하지만 이번엔 강원도가 아닌 중앙정부가 주관을 하니까 그리고 장관이 정리를 해주니까 다행인 것 같아요.

우리가 PT를 할 때마다 분위기가 호전되는 느낌이 듭니다. 위원장께서도 무대를 주도하시면서 콘셉트를 잡는다든지 말이죠. 비결이 있습니까?

(제가) 영어는 좀 하지만 스피치하는 게 아니고… 정치인도 아니고 쇼맨십이 있는 사람도 아니라서요. 그냥 읽기만 하면 되는 줄 알았는데, 제가 무대 공포증이 있더라구요. (PT를) 두세 번 했는데 사람들이 아무 소리 안 하지만 표정이 이상하고 나도 문제가 있다 싶고. 이러다간 망치겠다 싶어서 영국의 여성 연설 전문가가 있다기에 소개를 받았어요. 중간 중간에 발음 고치고 감정 집어넣고 하는 트레이닝을 따로 우리 미디어 대변인인 나승연 대변인에게 시간 있을 때마다 받으면서. 영국 사람은 비싸더라구요. 내가 그 대변인과 함께 갔어요. 1주일 동안 아침부터 저녁까지 쭉 훈련했죠. 드러누워서 하고 자신감 주도록 하고. 자신감 있게 소리도 지르고. 읽는 것보단 프롬프

터 쓰니까 여유도 생기고요. PT에 대한 경험이 없는데 내가 못해서 전체를 망칠 수는 없는 것 아니에요? 도움이 안 되면 안 되는 거니까…. 열심히 하고, 요새도 한국에 있을 때 시간 있으면 여기 옆에서 1주일에 두세 번씩 계속 연습해요. 읽는 발음을 떠나 감정, 액센트, 인토네이션 연습을 쭉 해요. 그 PT만 써먹는 게 아니고 이번 에어버스 인수식 때도 써먹었는데, 유치위원회에서 배운 것도 많은 거죠.(웃음)

외신은 우리가 매력적인 PT로 아름답게 표현했다고 하던데요.

나승연 대변인의 모국어는 영어이고요. PT에서 김연아가 발랄하고 영어도 제법 하고 젊으니까. 한국 젊은 여성이 잘해요. 독일엔 카타리나 (비트)가 있지만, 그 사람이 키 피겨key figure지만 나이도 많고, 그래도 여자고. 여성 연설 전문가로 외국 사람을 쓴 이유가, 우리나라 사람은 내가 회장이니까 말을 가려서 해도 외국 사람은 내가 누구라는 거 관계없이 막 하니까요.

기업인의 삶과 유치위원장 혹은 스포츠 행정가의 삶은 어떻게 다른가요?

로잔에서 아버지 얘기도 했는데요. 스포츠 세계는 어프로치가 완전히 다르고 배워가면서 해야 해요. 이때까지는 '갑甲' 입장이었는데, 논리적으로 하면 되는 거였는데, 여기에선 내가 '을乙'이고. 개인별로 맞춰서 하는 게 어렵고요. 처음 밴쿠버에 다녀오는데 '유치하는 사람이 재벌 2세라 존경과 대접만 받아서 서비스를 할 줄 아느냐' 그런 얘기를 하더라고요. 그런데 밴쿠버 처음 갔을 때 리셉션을 했는데, 모든 일정이 바쁜데, 가서 대화를 시작해야 하는 입장이었어요. 서비스하는 애들도 전문 웨이터가 아니고, 내가 상대하는 분이 맥주 한 잔을 마셨으면 하더라고요. 그런데 웨이터를 불러도 안 와요. 그냥 앉아 있을 수가 없어서 내가 맥주를 가지러 가니까 '웨이터 불러서 하지' 그러더라고요. 괜찮았어요. 대한항공이 서비스 오리엔티드 된 회사니까. '회장님이 직접 맥주 서비스를 한다'고 놀라고…. 내가 맥주 서비스도 다 하고 했지요. 전방에도 있었는데 왜 못하겠어요. 한 사람 한 사람 실사 끝나고 갈 때도 옆에 붙어서 대화해주고 여러 얘기하고…. 평창 얘기는 하지 않아도. 곳곳을 돌아다니면서 활동을 하고 경주에서 IOC 위원 몇 명 만나고 밤 비행기로 올라오는데 12시에야 도착했어요. IOC 위원 일행 중에 생일인 사람이 있더라고요. 우리에게 약간 껄끄러운 사람이었어요. 아침 8시에 공항에 나가서 기다리니 깜짝 놀라더라구요. 두 시간 동안 VIP실에서 대화하고 조그만 생일 케이크도 넣어줬죠. 나중에 만나서 '그때 잘 먹었냐'고 하니까 '지금까지도 배부르다'고 해주고요. 또 한 명은 자가용 비행기 타고 온 부자였는데, 이다음에 시간 나면 우리 목장에 오라고 하면서 비행기에 고급 샴페인과 와인을 넣어줬어요. '다음엔 우리 별장에 초대하겠다'고 그러면서. 개개인의 특성을 파악해서 거기에 맞게 해주는 게 도움이 됐어요. 100명이 넘는 사람에게 '세이 헬로우' 하는 건 잘 못해도 내가 타깃한 사람에게 하는 건 잘할 수 있어요. 감동을 주는 것, 경주에서 올라오면서 밤 열두 시 반에 도착했는데 여덟 시에 나와 있으니, 대구에서 보니까 반응이 괜찮더라구요. 옆에 앉아서 얘기하고 얘기 듣고 해줬어요.

평창이나 겨울 스포츠와 개인적인 인연이 있습니까?

한국에선 체육시간에만 운동을 하지요. 미국에선 오후 2시에 공부가 끝나면 무조건 운동을 해요. 저는 운동신경이 없지만 미국에서 스키를 처음 배웠어요. 그게, 1971년인가 1970년인가 그럴 거예요. 스키를 짊어지고 평창 어딘가엘 갔어요. 아무것도 없고 오두막 하나에다 2, 30미터 되는 언덕이 있었어요. 내려오는 데 10초도 안 걸렸어요. 산꼭대기까지 올라가도 내려오는 데 1분이면 그만이었죠. 스키 한 번 타면 하루가 다 가는 거죠. 용평에 스키장이 생긴 게 70년대 말이죠. 한국에서 처음 스키를 탄 사람 중 한 명입니다. 겨울 스포츠에는 원래부터 관심이 많고, 스키를 좋아합니다. 그리고 평창에 오대산 월정사가 있잖아요. 월정사의 대웅전이 화재로 소실된 걸 재건할 때 선친조중훈 한진그룹 전 회장께서 시주를 하셨거든요. 이번에 월정사 스님이 열심으로 백일기도도 해주시고 그래요. 저도 평창과 '뭔가 인연이 있다'고 느낍니다. 물론 군 복무 시절에 강원도 전방에서 고생을 하긴 했지만 말이죠.(웃음) 종교의 개념을 떠나 평창이 있고, 70년대 스키 타보고 용평 오픈할 때 가본 것 이외엔 없어요. 끝까지 최선을 다해야지요.

<u>사진에 조예가 깊으신데, 저도 작품을 여러 점 보았습니다. 헬기에</u>
<u>서 찍으신 사진도 있더군요. 사진에 입문하신 계기가 있습니까?</u>

아버님께서 사진을 매우 좋아하셨는데요. 중학교 입학 선물로 제
게 리코 카메라를 주셨어요. 해외 갔을 때도 사진 쭉 찍고. 미국 횡단
할 때 〈한국일보〉 장재구 회장과 함께 여행했는데, 그때부터 디지털
이니까 많이 찍었죠. 작가와도 같이 얘기하고 함께 여행 다니며 사진
도 찍고. 디카 나오면서부터 찍고 평가받고 저장하고 했어요. 기계를
워낙 좋아해서 사진기를 사다 보니 사진에도 관심이 많아졌죠. 저는
항공기 정비에 대해서도 알고 조종도 압니다. 뭐든지 자세히 알아야
직성이 풀리죠. 풍경을 주로 찍는데요. 공항 라운지에도 직접 찍은
사진을 전시했습니다. 작가에게 의뢰했더니 1억이 나오더라구요. 전
좀 시리어스 아마추어가 된 거죠. 렌즈도 다양해지고 카메라도 많이
사고 책도 많이 보고.

<u>미국 유학 시절 유럽에서 배낭여행을 하셨다고 들었습니다. 그때</u>
<u>얘기 좀 해주세요. 어떤 추억이 있습니까? 교훈을 얻었다면?</u>

그때는 미국 사람이 한창 구라파 여행을 할 때에요. 책을 보면서.
그 나라의 사회를 볼 수가 있으니까, 단순한 관광이 아니라…. 하루
종일 관광버스 타고 다니면서 내용도 듣고. 일본 사람이 한창 (유럽
에) 올 때인데요, 가이드가 일본어를 배우기 시작하더라고요. 저는
한국인이라는 자부심이 무척 강했는데, 그곳 사람은 한국을 모른다
는 걸 알고 많은 생각을 했지요. 그때 한국은 60년대69년이었어요이니까

한국이 어디 있는지도 모르고. 화란네덜란드에 갔는데 가이드가 둑을 만들면서 영토 확장한 걸 얘기하면서 '이걸 계속해서 확장하면 영국까지 닿을 거다' 이렇게 야심 있는 얘기를 하는 걸 보면서 그런 앰비션이 있어야 하겠다는 걸 많이 느꼈죠. 꽃으로 사는 걸 보면서 튤립은 뿌리를 팔긴 팔되 심었을 때 안 나면 형편없다는 얘기 들을까봐 정부가 관리하고 신용을 중시하는 걸 많이 배웠고요. 꽃은 옥션을 하는게 값이 떨어져요. 시간이 지나니까. 시장에 갔더니 보통은 가격이 올라가는데 반대더라고요. 거기서 타이밍과 신뢰성을 배웠고요. 그리스는 관광 경찰이 있더군요. 자기 나라에 관광 온 사람에게 신뢰를 주기 위해서. 미터기가 이상하더라고요. 정부 차원에서 관광 시장에 대한 질서 유지, 신뢰 유지를 하는 게 필요하겠다고 생각했죠. 그래서 제가 우리나라에 리무진 버스도 만들었습니다. 당시 택시 횡포가 심했기 때문에. 관광객이 KAL 버스를 타면 정액으로 호텔까지 데려다준다는 걸 생각하게 된 거죠. 아직도 적자지만 KAL 커스터머가 한국에 왔을 때 한국에 대한 나쁜 인상을 갖지 않게 해야 하겠다고 생각했어요. 이태리에는 엉터리가 많았어요. 그런 걸 배우고…. 그때 한국말 가이드가 없는 걸 보고 루브르에 한국어 안내 서비스 집어넣고 지원하자고 했던 거죠. 내가 여행한 그 시절에는 한국어가 없었지만 지금의 젊은 세대가 '한국어가 7개국어에 들어가네'라고 자부심을 느낄 수 있도록. 대기업이 그런 일을 할 수 있도록 해야죠, 대한항공 차원을 넘어서. 그때의 경험 때문에 지금 프랑스 루브르박물관, 러시아 에르미타주박물관, 영국의 대영박물관 등 세계 3대 박물관에서 하는 한국어 안내 서비스를 지원하게 됐어요. 우리 젊은이가 세계 유수의 박물관에 갔을 때 한국어 안내 서비스가 제공되면 얼마나 뿌듯하겠어요.

난 요즘도 출장 가면 내가 직접 호텔 체크인도 하고 이동도 해요. 호텔에 대한 좋은 걸 다 아니까, 지점장이 밑에다가 시켜먹기만 하면 '현장에 나가서 파악을 하라'고 얘기를 해요. 지점장이라고 앉아서 보고만 받고 하면 고객이 느끼는 불편을 몰라요. 옛날에 내가 직접 다 해봤으므로 고객이 뭘 원하고 어떤 게 문제가 생길 수 있다는 걸 알 수 있으므로 문제를 지적을 할 수 있죠. 우리가 내보내는 건 현장의 문화와 현장의 문제를 파악하라는 건데요. 고객을 파악해서 서비스를 하라는 거죠. 보고만 받으면 몰라요. 임원도 여기에서 나갈 때 직접 체크인해보라고 해요. 그렇지 않으면 고객이 라인 기다리면서 뭐가 문제라고 생각하는지 어떤 서비스가 나쁜지 모르니까.

<u>위원장의 여행은 대부분 장거리 여행이고, 젊은 사람도 감당하기 어려운 일정이 대부분입니다. 어떻게 기내 생활을 하시는지요?</u>
특별한 것은 없습니다. 비행기에선 졸리면 아무 때고 자고. 일어나선 책 같은 거 보고. 요새는 아이패드 등. 잡지책도 보고서 긴 것도 그때 보고. 이메일로 전부 보내고.

<u>마지막으로 국민과 언론에 하실 당부의 말씀이 있습니까?</u>
우리가 반드시 올림픽 유치를 할 수 있는 게, 온 국민이 올림픽을

한번 해야 하겠다는 열망이 90퍼센트에 가깝다고 하는데 그 메시지가 전달되고 그걸 실사 팀이 느꼈으므로, 정부 차원에서도 지역 차원에서도 하므로 잘 나가고 있어요. 이 (유치 경쟁) 마라톤에선 마지막 1킬로미터에서 에너지를 다 쏟아부어야 합니다. 한 발만 헛디뎌도 모든 게 어긋날 수 있어요. 이건 은메달이 없는 싸움이에요. 우린 끝까지 7월 6일까지 가는 거고, 국민은 자만심 없이 끝까지 성의껏 지원을 해주시면 되는 거죠. 너무 프레셔를 주면, 다 된 것처럼 하면 안돼요. 외부에서 볼 때 한국 사람이 샴페인을 너무 일찍 터뜨린다고 볼 수도 있으니까. 지금과 같이 겸손하게 밀고 나가면 좋은 결과가 있을 수 있고, 뚜껑을 열어봐야 해요. 끝까지 피치를 올려야 하는 것이고요. 좋은 결과가 나오길 기대하는 수밖에 없는 거죠. 저는 지금 국가에 봉사하기 위해 8, 90퍼센트를 '올인'하고 있고, 다른 분도 다 올인하며 협력하고 있어요. 우린 한국 위주가 아니라 외국인, IOC 위주로 하는 거예요, 눈높이를. 국운과 전략 지원 타이밍이 다 맞아야 해낼 수 있어요. 정부가 끝까지 밀고 지원해주는 것이 바라는 점이고요. 한 달 남았는데 너무 오버하면 안 돼요. 더반 가서도 너무 많은 한국 사람이 몰려다니고 할까봐 걱정이에요. 이번엔 그런 문화에서 좀 탈피되었다고 하더군요. 더반 가서 그런 일이 발생하지 않도록 해야죠. 경쟁국 프랑스, 독일도 잘하고 있습니다. 이제는 싸움이 누가 더 설득시키고 명분 있게 하느냐, 사고 치지 않느냐, 그런 거예요. 지금 저쪽에서는 어떻게 해서든 조금이라도 꼬투리 잡으려고 하니까. 윤리 규정에 조금이라도 어긋나면 또 IOC에 컴플레인 하고 그게 기사로 나오면 부동표가 바뀔 수도 있어요.

우리가 잘 아는 대로 평창은 2018년 동계올림픽 개최지가 되었다. 목표를 이루고 개선한 조양호 조직위원장은 여러 언론사 기자와 만나 그동안의 노고를 위로하고 협조에 감사하는 모임을 만들었다. 그 자리는 자유롭게 대화하는 곳이었지만 기자들은 본능적으로 이것저것 질문을 해댔다. 조 위원장 역시 긴장을 풀지 않고 조목조목 질문에 대답하였다. 그날 오고간 대화에 주목한 나는 다음과 같이 짧은 기사 한 꼭지를 출고할 수 있었다.

"평창에서 동계올림픽을 훌륭히 열 수 있다는 사실을 증명하기 위해서라도 대구 세계육상선수권대회는 반드시 성공해야 합니다."
조양호 2018 평창 동계올림픽 유치위원장이 대구 세계육상선수권대회에 대한 국민적 관심과 미디어의 지원을 요청했다. 29일 서울 태평로 클럽에서 열린 기자 간담회에서 조 위원장은 "대구 세계육상선수권대회에 대한 국민의 큰 관심이 필요하다"고 강조했다.

동계올림픽 유치 성공을 축하한다.
중앙정부가 직접 나섰을 뿐 아니라 이명박 대통령과 체육계, 온 국민이 힘을 합쳤기 때문에 성공했다. 그런 노력이 계속돼야 평창 동계올림픽을 성공리에 개최할 수 있다. 이제부터 다시 시작이다. 조직위원장이 누가 되든 다시 하나로 뭉쳐 노력해야 한다. 개인적으로 대구세계육상선수권대회가 성공하면 평창도 성공할 수 있다는 사실을 세

계에 증명하는 것이라고 생각한다. 비인기종목 대회도 성공시켜야
한다.

대구 세계선수권대회를 지원할 것인가?

유치 활동을 할 때 세르게이 붑카우크라이나 국제올림픽위원회IOC 위원
을 만났더니 대구 세계선수권대회 때 인천국제공항에서 대구공항으
로 직행하는 항공편 횟수를 늘려달라고 하더라. 그의 요청을 받아들
여 하루 두 차례이던 인천공항─대구공항 항공편을 여섯 번으로 증
편했다. 앞으로도 지원해야 할 일이 있다면 지원할 것이다.

조 위원장은 대구 세계육상선수권의 관중 동원에 큰 관심을 나타냈
다. 그는 "학생이나 공무원 등을 동원해 관중석을 메우는 것은 바람직
하지 않다"면서 대구시는 물론 미디어의 적극적인 협조를 요청했다.

평창 동계올림픽이 경제적으로도 성공할 수 있겠는가?

확신한다. 고속 전철이 개통되면 평창은 서울에서 불과 한 시간 거
리가 된다. 수도권도 평창의 시장이 되는 것이다. 올림픽이 끝난 다
음에는 사계절 레저 휴양지로 각광을 받을 것이다.

평창에 경기장을 새로 짓는 과정에서 자연이 훼손될 거라는 우려
가 있다.

동식물 보호에 각별히 주의한다면 자연을 파괴하지 않고도 좋은
경기장을 지을 수 있다. 그리고 면밀한 조사를 거친다면 문제가 없을

것이다.

조직위원장이나 IOC 위원을 맡을 생각이 있는가.

유치에 성공했으니 내 임무는 완수했다. 조직위원장이든 IOC 위원이든 내가 원한다고 해서 할 수 있는 일이 아니다. 우리 스포츠의 발전을 위해 기여할 생각은 있다. 유치 활동을 하면서 우리나라에도 국제 스포츠 전문가가 많이 필요하다고 느꼈다. 전문가 육성과 인프라 확대를 적극 지원하겠다.

매력적인 인터뷰이, 박지성

35

2002년 월드컵에서 한국 축구 대표 팀이 큰 성공을 거둔 뒤, 박지성 선수는 유럽 무대에 진출해 두 리그에서 성공적인 커리어를 쌓았다. PSV 에인트호번네덜란드에서 뛰는 동안 챔피언스 리그 4강 무대를 밟았고, 그때의 활약을 발판으로 잉글랜드 명문 클럽 맨체스터 유나이티드에 스카우트됐다. 한국뿐 아니라 아시아 전역과 유럽에서도 명성이 높은 그는 기자가 인터뷰하기를 열망하는 선수이기도 하다. 그를 인터뷰하기는 쉽지 않다. 맨체스터 유나이티드는 소속 선수의 미디어 노출을 철저히 관리하고 있다. 박지성 선수가 국가 대표로 뛸 때에는 국가 대표 훈련장에서 제한적인 기자 회견이 열리거나 경기가 끝난 뒤 현장 인터뷰가 가능했다. 그가 대표 팀에서 은퇴한 뒤에는 더욱 인터뷰하기 어려운 선수가 됐다. 어떤 기자든 그를 단독으로 인터뷰한다면 그 내용에 관계없이 특종 대접을 받을 수 있을 정도다.

다음은 2010년 3월 5일, 박지성 선수가 유럽 축구 전문 매체인 〈골닷컴

Goal.com〉과 한 인터뷰다. 영문 인터뷰[39]를 번
역하였다.

39 www.goal.com/en/news/9/
england/2010/03/05/1818926/goal
com-interview-south-korea-
superstar-park-ji-sung-insists

대한민국의 슈퍼스타 박지성이 "맨체
스터 유나이티드는 올 시즌 크리스티아누 호날두와 카를로스 테베즈
없이도 더욱 강력하다"고 주장했다.

2005년 맨유에 입단한 이래 가장 성공적으로 유명한 아시아 축구
선수가 된 박지성, 29세의 맨체스터 유나이티드 미드필더. 작은 산업
도시 수원에서 자란 박지성은, 4백만 리라에 전 팀인 PSV 에인트호
번을 떠나 알렉스 퍼거슨 경의 팀맨체스터 유나이티드과 계약한다. 그가 맨체
스터에 처음 도착했을 때, 많은 이는 이 한국인과의 계약이 아시아의
팬을 확보하고, 더 많은 티셔츠를 팔기 위한 마케팅 전략이라고 생각
했다.

그러나 몇 달이 지나지 않아, 이 다재다능한 스타는 사냥감을 뒤쫓
는 듯한 모습과 뛰어난 공격 능력으로 관중이 가장 사랑하는 존재가
되었다. 퍼거슨 감독은 가장 힘든 팀과의 팽팽한 경기에 그를 자주
선택했고, 지난주 리그 결승전에서 보여준 그의 눈부신 경기력은 박
지성이 큰 경기에서 신뢰받고 있는 존재임을 보여주는 최근의 예라
고 할 수 있다.

지난달, 산시로밀라노에서 있었던 AC 밀란과의 경기에서 상대 팀의
플레이 메이커인 안드레아 피를로를 철저히 마크한 모습은 그의 다
재다능함을 다시 한 번 보여줬다. 그는 대한민국의 자랑스러운 주장

으로서, 올 여름 2010 월드컵에서 국가 대표 팀을 이끌기를 기대하고 있다. 지난 두 번의 경기에서, 박지성은 포르투갈과 프랑스를 상대로 골을 넣으며 자신의 이름을 떨쳤다. 최근 대한민국 대표 팀은 아시아가 배출한 가장 강한 팀 중의 하나로 널리 인정되고 있다.

이번 주 초, 대한민국 대표 팀은 아이보리코스트를 상대로 2대 0으로 편안하게 승리를 거두었고, 맨체스터 유나이티드의 스타의 주도 아래 자신 있게 남은 경기에 임할 수 있게 되었다. 〈골닷컴Goal.com〉은 최근에 맨체스터 유나이티드에서의 생활과 6월에 열릴 월드컵에 대한 고국의 기대에 대하여 다루고자 박지성을 인터뷰했다.

세계에서 가장 크고, 가장 성공한 클럽에서 활약하는 선수가 된 기분은 어떻습니까? 꿈인지 생시인지 꼬집어보았나요?

글쎄요. 경기장에서 훈련하는 것이 매일매일의 일과가 되어서, 지금은 그런 기분은 더 이상 들지 않습니다. 그렇지만 맨체스터에 처음 도착했을 때는 경기장에 가거나 다른 선수와 훈련할 때마다 '와 드디어 내가 왔구나' 하는 생각을 떨쳐낼 수 없었습니다.

이번 시즌, 크리스티아누 호날두와 카를로스 테베즈 없이 팀에 적응하기 위해 시간이 조금 걸리던가요?

별로 그렇지는 않았어요. 적응하기 위해 오랜 시간이 걸리지는 않았다고 생각합니다. 우리는 그냥 우리가 해오던 대로 계속 할 뿐입니다. 물론, 그들이 떠나서 큰 빈자리가 생긴 것은 사실이지만, 나는 새로 온 그리고 기존의 선수와 함께 노력해서 그 틈을 채우고 있고, 그 것이 우리가 새롭고 강한 맨유의 한 면을 제시하고 있다고 느낍니다.

세계적인 수준의 선수와 알렉스 퍼거슨 경과 쉴 새 없이 함께하면 서 많이 배우고 있습니까?

개인적으로는 많은 부분에서 크게 성장했습니다. 세계에서 가장 뛰어난 선수와 감독에 의해 훈련받으면서, 모든 부분에서 성숙하고 있다고 느낍니다. 정신적으로나, 육체적으로 그리고 기술적으로.

당신은 엄청난 스피드와 체력으로 잘 알려져 있어서, 팬이 '세 개 의 심장, 박지성'이라는 별명까지 만들어줬더군요. 그 체력에 숨겨진 비밀은 무엇인가요?

어, 제가 먹는 한국 음식 때문일 수 있겠네요. 가끔씩 먹는 김치가 원천일지도 모르겠습니다.

경기 때문에 떠나 있을 때에도, 일주일에 두 번씩 수업을 들으면서 영어 실력을 향상시키려고 노력한다고 들었습니다. 영어 실력을 향 상시키는 것이 다른 팀원과 경기하는 데 도움을 주나요?

예, 언어가 능숙해질수록, 경기 중일 때나, 경기가 없을 때도 팀원 과 소통하는 데에 보다 더 편안합니다.

이제 당신은 국가적인 영웅입니다. 한국에는 당신 이름을 딴 공원도 있습니다. 랜드마크와 길은 주로 왕이나, 장군 또는 학자와 같이 전설적이고 역사적인 영웅의 이름을 따서 만들어지는데, 당신은 이제 고작 서른 살에 당신의 이름을 딴 공원이 만들어진다는 사실이 이상하게 느껴지지 않습니까?

무엇보다도, 너무나 영광입니다. 이처럼 존경과 인정을 받을 자격이 있도록 제가 무엇을 하든 더 노력하도록 만듭니다.

당신이 선수 생활 중에 기록한 가장 즐거운 골은 어느 골이었죠?

개인적으로 2002년 월드컵 때라고 할 수 있습니다. 제 생각에는 아무래도, 포르투갈과의 경기에서 득점을 했기 때문인 것 같네요. 그 골은 저에게 굉장히 큰 의미가 있습니다.

한국은 월드컵 예선에서 한 경기도 지지 않았습니다. 자신이 속한 팀에서 활약하고 있는 볼튼의 이청용 선수와 AS 모나코의 박주영 선수와 유럽 축구에 소개된 가장 어린, 셀틱의 기성용 선수가 있는 지금이 대한민국에 있어서 또는 다른 아시아 팀까지 포함하여 가장 최고의 팀인가요?

우리가 아직, 올바른 타이틀을 얻어냈다고는 생각하지 않습니다. 만일 앞으로 다가오는 월드컵에서 우리가 좋은 결과를 만들어낸다면, 그렇게 말할 수도 있을 것입니다. 그렇지만 그렇게 되기 전까지는 그에 대한 답은 없습니다.

당신은 대한민국 팀의 주장인데, 경기장에서나 라커룸에서 목소리를 더 내는 편인가요?

목소리를 내는 것보다도, 저의 책임만큼이나, 저의 임무가 커지는 것을 느낍니다.

그리스, 아르헨티나 그리고 나이지리아와 한 그룹이 되었을 때, 당신의 반응은 어땠습니까?

월드컵은 누구와도 경쟁할 수 있는 무대이고, 우리는 쉬운 그룹에 속하게 될 수는 없다는 것을 알고 있었습니다. 그렇지만, 그룹이 결정되고 난 후에, 녹아웃 단계16강에 도달하려는 우리의 목표를 낙관할 수 있었습니다. 이건 가능하겠다고 생각했습니다. 그렇지만 가능성을 실제로 만드는 것은 우리가 얼마나 경기를 위해 준비하고, 월드컵에 대비한 훈련을 하는가에 달려 있습니다. 그것이 우리가 더 멀리 도달할 수 있는 기회를 늘릴 것입니다.

조 추첨을 한 다음 테베즈에게 전화를 했나요?

아니오, 안 했습니다.(웃음)

그가 맨체스터 시티로 떠난 뒤에도 계속 연락을 하고 지내십니까?

그렇지는 못합니다. 경기 때에 한 번 말했을 뿐입니다. 그건 단지….

북한과 남한이 함께 월드컵에 참가하는 것은 이번이 처음입니다. 당신에게 특별한가요?

개인적으로 매우 기쁘게 생각합니다. 또한 양국이 처음으로 함께 참여하는 월드컵에 저 또한 참여한다는 사실에 기뻤습니다. 양국이 좋은 결과를 얻어서, 전 세계 앞에서 축하받고, 모든 사람에게 깊은 인상을 남겼으면 좋겠습니다.

이번 여름에 북한이 어떻게 될까요? 같은 조에 브라질, 코트디부아르, 포르투갈을 만나는 불행한 상황이 벌어졌는데요.

무엇보다도, 북한은 과거에 그다지 많은 국제 경기를 경험한 일이 없고, 게다가 아주 힘든 조에 속해 있습니다. 그렇지만, 그들이 훈련과 준비를 잘 한다면, 이변을 만들 수 있을 겁니다. 월드컵에서는 늘 반전이 일어나니까요. 기회는 매우 작을 수 있지만, 만일 자신을 신뢰하고, 그 작은 기회를 최대화한다면, 북한은 인상 깊은 경기를 할 수도 있습니다.

이번 월드컵이 당신에게 마지막이 될 수도 있으며, 앞으로 4년 동안 몸 상태가 어떻게 될지 모른다고 얘기했습니다. 아무래도, 다른 대륙으로 여행하고, 경기하며 다니는 것이 당신 건강에 무리를 주었습니까?

아직 국가 대표 팀에서 은퇴하려는 확실한 결심을 하지 않았습니다. 그렇지만, 대륙에서 대륙으로 여행하고, 경기하는 것이 체력적으로 매우 힘든 건 사실입니다. 충분한 과정을 거치면서, 그때까지 제가 제 몸을 관리하는 것이 힘들겠다는 생각을 할 수 있었습니다.

팬에게 하고 싶은 말은 없습니까?

이번 시즌에 맨유의 출발이 만족스럽지 못하다는 사실을 알고 있습니다. 그러나 남은 시즌 동안 최선을 다해 경기하도록 노력할 것입니다. 더 많은 사람이 우리 팀을 응원해주시고, 우리 팀의 승리를 도와주신다면 정말 좋겠습니다.

대한민국 선수로서 국제적인 스타의 반열에 오른 인물은 아직 많지 않다. 스타란 어느 정도 대중적 요소를 갖춘 매력적인 인물을 뜻한다. 그러므로 단지 경기력만으로 스타인지 아닌지를 구분하는 것은 옳지 않다. 흔히 '한국이 낳은'으로 표현되는 스타라면 불세출의 축구 스타 차범근 선수와 미국 프로야구 메이저리그에 한국 야구의 이미지를 선명하게 아로새긴 박찬호 선수를 들 수 있다. 박지성 선수는 유럽에서 차범근에 필적하는 인지도를 보이는 당대의 스타 선수라고 할 수 있다. 외국인을 인터뷰할 때 반드시 이런 스타 선수에 대해 묻는 일이 한국 미디어의 불문율 내지 습관처럼 되어 있다.

나는 2007년 4월 30일자 〈중앙 SUNDAY〉에 잉글랜드 프로 축구 리그인 프리미어리그에서 최고의 전통을 자랑하는 맨체스터 유나이티드의 데이비드 길 사장을 인터뷰한 기사를 게재하였다. 서울의 신라 호텔 팔각정에서 한 이 인터뷰는 상당 부분이 박지성에 대한 대화로 채워졌다. 미디어의 요청으로 인터뷰를 하는데, '나'에 대해 묻지 않고 제3의 인물에 대해 길게 언급하는 일이 결코 유쾌할 수는 없다. 그러나 현명한 프로라면 결코 그러한 시간조차 낭비하려 들지 않을 것이다. 길 사장은 인터뷰에서 피할 수 없는 제3의 인물에 대한 언급을 재미있고도 이해하기 쉽게 해냄으로써 호감을 산 경우에 속한다.

잉글랜드 프로 축구 프리미어리그의 맨체스터 유나이티드_{이하} 맨유는 세계 최고의 부자 구단이다. 미국의 경제 전문지 〈포브스〉는 지난달 30일_{한국 시간} 맨유의 자산 가치를 14억 5300만 달러_{약 1조 3700억 원}로 평가했다. 맨유의 최고 경영자_{CEO} 데이비드 길₅₀ 사장이 (4월) 27일 서울 신라 호텔에서 기자회견을 했다. 7월 20일 〈일간스포츠〉 주최로 서울 월드컵 경기장에서 열리는 맨유와 FC 서울의 친선경기에 대해 설명하기 위해서였다. 길 사장은 1981년 공인회계사로 컨설팅 회사 워터 하우스에 입사한 뒤 BOC 그룹, 아비스 유럽 등 몇몇 회사를 옮겨다니며 재무 전문가로 활약했다. 맨체스터 유나이티드의 재무 담당으로 입사한 것은 1997년 2월의 일이다. 2000년 재무 업무를 계속 유지하는 조건으로 부CEO로 승진했고, 2003년 9월 피터 캐넌 전 사장이 첼시로 떠나면서 맨유의 CEO가 됐다. 그의 아들 올리버 길_{16세}이 최근 맨유와 계약해 화제를 모으기도 했다.

길 사장은 27일 오후 2시부터 신라 호텔 '에메랄드 룸'에서 한 시간 동안 공식 기자회견을 했다. 오후 3시쯤 팔각정으로 자리를 옮겨 〈중앙 SUNDAY〉를 비롯한 중앙 미디어 네트워크 기자를 따로 만났다. '에메랄드 룸'에서 그는 박지성에 대한 질문에 시달렸다. 이날 박지성이 미국에서 수술을 받게 됐으며 재활을 거쳐 복귀하는 데 1년이 걸릴 것이라는 소식이 나왔기 때문이다.

꽃향기를 실은 봄바람에 기분 좋게 몸을 맡긴 길 사장은 팔각정에서 자신과 맨유에 대해 말했다. 길 사장은 축구계에서는 잘 알려진 인물이다. 길 사장도 자신을 알리기 위해 긴 설명은 하지 않았다. 대신 맨유에 대해 말할 때는 에너지가 넘쳤다. 그는 맨유가 자산 가치 1위 구단으로 선정될 만큼 성공한 비결을 묻자 "팬에게 멋진 경기를 보여주고 얻은 수익을 다시 축구에 투자했다"고 설명했다.

구단 운영에 대한 자신감과 긍지가 대단했다. 영국 언론은 13일 맨유가 웨인 루니와 함께 공격을 이끄는 크리스티아누 호날두와 2012년까지 계약했다고 보도했다. 맨유가 호날두에게 지급하는 돈은 주급 12만 파운드약 2억 2000만 원로 알려졌다. 엄청난 액수다. 그러나 길 사장은 눈 하나 깜짝 않고 '줄 만해서 줬다'고 말했다.

"호날두는 그만한 가치가 있는 선수입니다. 그 선수로 인해 맨유의 팬이 늘 뿐만 아니라 스폰서와 텔레비전 중계권료, 기념품 판매 등을 통해 많은 수입을 기대할 수 있어요. 호날두로 인해 벌어들이는 수입의 50퍼센트 정도면 우리 구단 직원의 연봉을 해결할 수 있습니다. 더구나 그는 젊습니다. 구단도 그만한 돈을 줄 능력이 있으니까 주는 거지요. 선수가 달라는 대로 주는 것은 아닙니다."

길 사장은 프리미어리그의 독특한 성격이 맨유의 성공에 기여하고 있음을 강조했다. 그가 보기에 프리미어리그와 다른 리그의 차이점은 독특한 공생 구조에 있다. 예컨대 '프리메라리가스페인리그'에서는 구단에서 중계권을 갖지만 잉글랜드에서는 프리미어리그가 중계권을 일괄 판매하고 그 수익을 각 구단에 분배한다. 길 사장은 슈퍼마켓을 예로 들었다.

"프리미어리그는 큰 슈퍼마켓이 작은 슈퍼마켓을 마구 사들여 규모를 확장하는 것과 같은 방식을 사용하지 않습니다. 20개의 독립된 클럽이 만들어가는 가족적인 분위기가 프리미어리그의 특징이지요. 가족의 구성원이라는 의식이 뚜렷한 구단주의 헌신적인 지원으로 인해 프리미어리그 전체가 발전할 수 있는 에너지를 얻습니다."

맨유는 지속적으로 한국과 중국, 일본은 물론 동남아시아 국가를 방문해 친선경기를 하고 있다. 맨유의 아시아 투어는 프리미어리그 시즌이 휴식기를 맞았을 때 가장 큰 행사다. 맨유와 FC서울의 경기도 아시아 투어의 일부다. 맨유는 왜 아시아 투어에 공을 들이는 것일까. 길 사장은 "맨유에 아시아는 매우 중요한 시장이기 때문"이라고 대답했다.

"아시아는 열광적인 팬을 갖고 있습니다. 축구를 즐기는 아시아 팬의 수준은 유럽과 큰 차이가 없어요. 2002년 월드컵 이후 많은 아시아 선수가 유럽 무대에서 뛰게 됐잖아요. 이들은 훌륭한 경기력을 보여주고 있고 앞으로 명문 팀 유니폼을 입고 뛰는 아시아 선수는 더 많아질 겁니다. 축구는 더 이상 유럽만의 스포츠가 아니에요. 우리는 아시아를 유럽 못지않게 중요하게 생각합니다."

그럼 대서양 건너 미국은 어떤가. 잉글랜드 축구의 '아이콘', 데이

비드 베컴은 8월 스페인의 레알 마드리드에서 미국의 LA 갤럭시로 무대를 옮긴다. 미국 리그의 베컴 영입은 그만큼 축구 시장의 확대를 위해 노력하고 있다는 증거다. 세계 최고의 구단 맨유 정도면 미국 시장에서도 경쟁력이 있지 않을까?

"베컴은 1990년대 후반부터 2000년대 초반까지 맨유의 '키맨Keyman'이었습니다. 그 덕분에 맨유의 인기가 치솟았고 상업적으로도 성공할 수 있었지만 그가 스페인을 떠난다고 했을 때, 다시 부를 생각은 없었어요. 베컴이 새로운 무대에서 성공하기를 바랍니다. 제가 보기에 미국도 큰 시장인 것은 틀림없지만 단기간에 야구, 미식축구 같은 종목을 제치고 메인 스포츠가 되기는 어려울 것 같군요."

대부분의 축구 팬은 맨체스터가 영국 어디에 있는지 잘 모른다. 하지만 한국인이 느끼는 맨체스터와의 심정적인 거리는 멀지 않다. 맨체스터 뒤에 '유나이티드'를 붙여서 읽으면, 그 이름이 가슴속으로 들어온다. 박지성이 바로 그 맨유에서 뛰기 때문이다. 박지성에 대한 길 사장의 평가는 아주 후했다.

"알렉스 퍼거슨 감독은 (네덜란드 에인트호번에서 뛰던) 박지성을 간절히 원했어요. 나도 그가 훌륭하다는 사실은 알았죠. 하지만 먼저 상업적인 득실을 따져보는 게 제 일 아닙니까? 결과적으로 박지성 영입은 성공이었습니다. 그러니까 2010년까지 계약을 연장했죠. '티셔츠 판매를 위한 선수'라는 평가는 부당합니다. 벤치에만 앉아 있는 선수의 티셔츠가 많이 팔리겠어요? 우리는 그의 경기력을 높이 평가한 겁니다."

체조요정의
솔직한 매력,
손연재

36

손연재 선수는 2011년 현재 국내에서 가장 인기 있는 스포츠 스타 가운데 한 명이다. 손 선수는 최근의 스포츠 팬이 열광할 만한 여러 가지 매력을 지닌 선수다. 매우 아름다운 외모와 세계 상위 수준의 경기력을 겸비했다. 2000년대 들어 스포츠 스타의 예능인화는 일종의 트렌드로 정착되어 가고 있는데[40] 이 부문에서도 손연재 선수는 재능을 인정받고 있다. 피겨스케이팅 세계선수권대회와 올림픽을 제패한 김연아 선수 이래 가장 사랑받는 여성 스타로서 2011년 9월, 프랑스에서 열린 2012년 런던 올림픽 예선경기에서 뛰어난 기량을 발휘해 출전권을 따냄으로써 뉴스의 초점이 되었다. 비록 리듬체조의 경기 방식에 대해 잘 알지 못한 사람도 손연재라는 아이콘에 열광한 나머지 텔레비전 중계방송에 몰입했다.

다음은 2011년 10월 8일에 손연재 선수가 훈련하는 태릉 선수촌을 찾아가 인터뷰한 내

[40] 피겨스케이팅의 김연아 선수, 당구의 차유람 선수가 대표적이다. 김연아 선수는 2012년에 어떠한 피겨스케이팅 대학동문에도 출전하지 않고 상업적인 활동인 아이스쇼에만 출연한다고 선언했다. 차유람 선수는 당구 경기 출전 외에도 남성 잡지를 위한 화보 촬영 등 다양한 활동을 하고 있다.

용이다. 이 인터뷰에서 손연재 선수는 자신의 감정과 생각을 비교적 자유롭게 털어놓아 구김살 없는 매력을 보여주었다. 솔직한 자기표현으로 그녀는 미디어를 상대로 위축되는 면이 전혀 없다. 이런 면은 손 선수의 나이답지 않게 당당한 모습을 미디어 수용자에게 보여주고, 호감을 사는 요인이 된다. 신문에 그대로 받아쓰기에 부적합한 일상어와 전문용어, 비속어가 더러 등장하고 '시합'과 같은 일본식 한자어도 쓰고 있지만 큰 흠은 되지 않는다. 나이가 더 들고 더 많은 인터뷰 경험이 쌓이면 자연스럽게 정리될 부분으로 보인다.

국내 대회에선 이제 경쟁자가 없다고 보는데, (전국체전은) 어떤가. 긴장되나?

등수를 떠나서 국내 팬에게 처음 보여주는 거고, 워낙 관심을 많이 가지셔서…. (그런 점에서 부담스러운가?) 왜냐면 충분히 연습이 잘 안 되고 컨디션이나 이런 것 때문에 많이 부담이 된다.

시차 적응에는 얼마나 걸리나?

시차 적응은 괜찮은데 오자마자 제대로 쉴 수 있었던 것도 아니고, 아무래도 세계선수권 끝나고 긴장도 살짝 풀리고, 몸도 많이 회복을 해야 하는데 바로 준비를 하느라고 많이 힘들었다.

일정상 무리라 전국체전 안 나가지 않을까 했다.

(협회 측에서) 국내 대회에 일 년에 한 번 정도 나가라고 한다.

다섯 살에 시작했는데 (아주 어렸을 땐데) 리듬체조의 재미를 알았나?

일주일에 두세 번씩 가서 친구, 선생님이랑 같이 한두 시간씩 했다. 그냥 그거 자체가 재밌었다. 친구도 만나고 같이 운동하고, 볼 같은 것도 던지고 놀고….

리듬체조 선수가 되기로 결심한 때와 계기는?

초등학교 갈 때 돼서, 리듬체조 계속할 거면 특기생 받는 학교로 가야 해서 그런 문제를 생각하다가 내가 하고 싶다고 엄마한테 얘기했다.

그때부터 지금까지 고비는 없었나?

아직도 고비가 맨날 있는 거 같다. 어렸을 때는 힘든데…. 시합도 별로 없고 '왜 하고 있는 거지' 하는 생각이 들 때도 있었고…. 시니어 되면서는 시합에 대한 부담감 등 여러 가지 때문에 힘들었다. (이런 고비는) 모든 운동선수가 갖고 있는 것 같다.

그만둬야겠다 생각했던 적도 있나? (김연아도 열여섯 살 때 스케이트 문제로 그만두려고 했었다고 얘기하자)

중학교 2학년 열네 살 때, 짐 싸들고 나간 적이 있다. 한 번. 그때는 운동하고 있긴 한데 시합도 국내 대회 한두 번밖에 없고 코치 문제도 있었고…. 성과가 눈에 보이지 않으니까. 국제나 국내 대회 잘 못 나가고.

오히려 지금은 대회에 대한 부담감은 커도, 성과가 바로바로 나타난다는 점은 도움이 될 듯한데.
그렇다. (승부욕 강한가?) 그런 것 같다.

예전엔 베소노바 좋아한다고 들었다. 요즘에는 카나에바를 좋아하는데.
베소노바가 은퇴하면서 경기를 많이 못 보다 보니 그런 듯하다. 현재로선 카나에바가 가장 잘하니까, 또 같이 훈련하면서 보니까.

예술과 기술의 대결. 베소노바는 예술, 카나에바는 기술이라는 평가는 어떻게 생각하나?
아무래도 베소노바는 기술적인 면에선 실수도 있고 정확성이 부족하다. 카나에바는 기술이 좋고 예술성이 아예 없는 건 아닌데 또 베소노바 선수만큼의 감동은 없다. 그래도 지금은 아무래도 카나에바. 카나에바가 하는 기술 자체가 예술적이다. 베소노바는 기술 외에 예술적인 모습을 보여준다. 카나에바는 표정 안 써도 움직임 하나하나가 예술이다.

러시아 대표 팀 옆에서 보는 것, 동기부여가 되나?
동기부여가 되고 자극받고 배우는 것도 많다.

<u>포디움[41]에서 걷는 모습이 인상적이었다.</u>

나도 봤는데 그렇게까지 심한 줄은 몰랐다. 나도 모르게 심하게 됐다. 그냥 조금, 어차피 내가 나갈 무대고, 긴장이 심하게 돼서. 긴장하지 않는 모습 보여주려다 보니까, 어깻짓도 코너를 돌 때 일부러 한 게 아니고. 다른 덴 (포디움이) 짧은데 이 대회는 유난히 오래 걷다 보니 너무 떨려 심호흡을 하려던 거였다. 어깨 내리면서 숨 쉬려고. 이렇게 하면서(어깻짓을 해보이면서) 숨을 내쉬면서 나가려고. (하략)

41 리듬체조 경기장으로 들어가는 통로를 말한다.

<u>(타 매체와의 인터뷰에서) 자신의 연기에 대해 '실수가 없어야 하고, 더 깨끗해져야 하고, 더 뭉클해져야 한다'고 했다.</u>

프로그램 자체를 조금 더…. 똑같은 동작을 하더라도 좀 더 깨끗하게 하는 게 가장 좋은 거 같다. 동작도 확실히 하고 동작 중간의 연결 동작도 매끄럽게 해서 1분 30초 안에 여러 난도가 있는 게 아니라 그 자체가 (1분 30초가) 하나의 동작으로 보일 수 있게.

<u>1분 30초 안에 많은 생각을 해야 하겠다. 우리가 볼 땐 1분 30초 금방 지나가는데.</u>

리듬체조 모르시는 분이 그게 몇 분이냐고 했을 때, "1분 30초요" 하면 "어 그렇게밖에 안 해?" 하시는데 저희는 정말 힘들다. 그것도 하루에 네 번이나 해야 하니까.

결선을 하루에 네 번, 한꺼번에 하는 이유가 있나?

근데 저희가 예선을 4일 동안 하니까, 결선을 또 며칠 동안 한다면 더 힘들 수도 있다. 마지막 날은 체력 싸움이다.

정말 떨렸을 텐데, 어떻게 극복했나? 실수가 거의 없었다.

시합 시작하기 한 시간 전에 너무 긴장이 돼서 심각할 정도였다. '내가 시합을 할 수 있나.' 코치님도 걱정 많이 하시고…. 첫 종목을 무난히 하고 나니 그때부턴 조금 괜찮아졌다. 절실했다. 그런데도 긴장되고, 힘드니까 나도 모르게 풀어지려 했다. '시합'은 뛰어야 하는데, 그런 것 때문에 나 자신한테 화도 나고. 너무 긴장돼서 어떡하지, 어떡하지 했는데, 여태까지 준비해온 것을 오늘 이 몇 시간 때문에 망칠 순 없다고 생각하고 끝까지 집중하려고 했다.

선수 간에 경쟁이 치열했을 텐데, 분위기는 어땠나?

리듬체조는 대기실이 따로 없고 경기장 옆에 매트(경기장과 같은)가 서너 개씩 있다. 커튼이 있는데 그땐 커튼도 안 쳐져 있었다. B 그룹에 열두 명밖에 없어서. 매트에서 연습하다 한 명씩 한 명씩 들어가니까, 선수도 그 소리에 귀 기울인다. 다 경쟁자고 특히 B 그룹은 정말 치열했다(올림픽 진출권 몇 명 못 따니까). '아 쟤가 잘했나 못했나….' 코치도 그렇고. (한 명 한 명 나갈 때마다 철렁하겠다) 그렇다. 마지막 끝날 땐 정말 그랬던 게, 나를 포함해 두세 명만 웃고 나머지는 거의…. 우는 애도 많고 그래서 너무 기뻐하기도 그렇고 해서 바깥으로 나와 있었다.

연습하다 부딪히거나 하진 않는가? 신경전은?

말은 거의 안 한다. 월드컵 땐 연습 매트가 적다. 한 매트에 열 몇 명씩 연습하다 보면 서로 부딪히고…. '비켜!' 하는 선수도 있다. (비켜는 무슨 말로?) 러시아 말로 '잠깐만' 이러고 한다.

선수가 거의 러시아 말 하나?

그렇다. 나도 그냥 할 때는 러시아 말로. 다 알아들으니까.

러시아어 얼마나 하나? 평상 대화?

원래 말은 잘 못했는데 요즘엔 말도 조금 하기 시작했다. 운동하면서 제대로 공부했으면 더 잘했을 텐데, 훈련 끝나면 자고 하니까….

귀부터 먼저 트이고, 이제 말도 하고 그러나? (그렇다) 코치랑은 러시아어로 대화하나?

러시아어로 하고, 선생님이 영어도 조금 하신다. 러시아어랑 영어 섞어서 얘기하면 그 정돈 다 알아들으니까. (손 선수도 영어를 좀 하나?) 조금 한다. 그런데 언론에 다 잘하는 것처럼 비춰져 부담스럽다. 영어도 친구랑 얘기하는 정도. 러시아어는 생활하고 운동할 때 쓰는 정도다.

중국 선수 중 라이벌이 있던데.

항상 세계선수권 뛰기 전에 러시아 코치가 "중국 애도 잘한다. 너도 잘하지만 중국 애는 너보다 더 유연하고 점프 같은 것도 더 잘한다." 이런 식으로 나를 되게 자극했다. 워낙 잘하는 선수라 긴장을 많이 했다.

이번에도 같은 B 그룹에 있었다. 서로 견제했나?

그렇지는 않았다.

FIG 리듬체조 기술위원장 시즈코프스카가 지난 6월 한국에 왔을 때 "중국 아이도 잘하지만 그 아이는 안 예쁘다. 너희 선수(손연재)는 예쁘지 않느냐"라고 했다.

그분이 말한 '예쁘다'는 외모를 말하는 게 아닐 거다. 그 선수 작품 난도는 좋은데, 뭔가 하는 게 예술성이 없고 진짜 예쁘지가 않은 거 같다. 그런 것을 지적하셨을 것이다.

러시아 선수가 강한 이유는 뭐라고 생각하나?

태어나면 기본으로 리듬체조를 시킨다. 여자애는 그냥 다 시작하고. 정말 많다. 그냥 길거리에 버스 타고 돌아다녀도 리듬체조 훌라후프 들고 다니는 꼬맹이도 있고. 그 정도로 다 시키니까, 그중에서 몇 명만 뽑아서 데려와 시켜도….

우리나라 고등부엔 선수가 얼마나 있나?

정말 선수가 많이 없다. 열 명. 내가 아는 선수는 열 명? 어렸을 땐 있었는데 태릉 제외하면 훈련장도 없고, 코치도 없고. 환경도 안 좋고, 국내 시합도 한두 개밖에 없고. 하고 싶어 하는 애가 정말 많은데 일단 환경이 안 돼 있다.

리듬체조 발전에 도움 되고 싶다고?

리듬체조는 좋은 운동이다. 요즘 예뻐지려고 하는 분도 많이 있고. 어렸을 때 하게 되면 길어지고 그런 게 있다…. 나도 어렸을 때 그닥 유연하지도 길지도 않았다. 되게 통통해서 시작했다. 엄마가 날씬해지고 예뻐지라고 시켜서 시작했다. 어렸을 때 사진보면 볼이 통통하다. 스트레칭 많이 하고 하니까…. 정말 환경이 잘 갖춰졌으면 좋겠다. 많이 할 수 있게. 잘할 것 같다. 우리나라도 잘하면…. 우리나라도 뒤처지지 않고 우리나라 특성에 맞게 우리가 만들어서 하면 되는 거다. 중요한 것은 FIG 위원이 하나 있어야…. 룰 바뀌는 것에 대한 정보를 빨리빨리 알 수 있도록….

지금으로선 (정보를 알려면) 러시아랑 친해지는 수밖에 없나?

발전하려면 내 밑에 나보다도 발전할 수 있는 선수가 두세 명은 있어야 내가 편하게 은퇴도 할 수 있고…. 리듬체조에 대해 더 많은 일을 할 수 있는데, 선수가 아예 없다. 내가 끝나면 리듬체조가 다시 잊힐까 그게 가장 두렵다.

아직 눈에 띄는 선수가 없나?

왜 그런지는 모르겠는데 국제 시합에 잘 안 내보낸다. 경험이 없으니 시니어 돼서 하려니 그게 안 된다. 어렸을 때부터 시합 많이 뛰어서 시합에 대한 부담감도 줄여야 하는데.

주니어 때 손 선수는 국제 대회 많이 나갔나?

그래도 저는 엄마랑 많이 나간 편이다. 1년에 한 개 정도는 국제 대회 나갔다. 나가고 싶다고 엄마한테 졸라서 겨우겨우 나갔다.

시니어 들어와선?

올해 월드컵만 다섯 개, 독일, 2월의 그랑프리, 헝가리, 작은 시합 등 다른 대회도 되게 많이 뛰었다. 작년엔 월드컵 두 개 나갔다.

대회 나가면 뭐가 달라지나?

대회 나가면 늘고, 월드컵 시리즈에 갔을 때 러시아 선수나, 벨라루시 선수라고 낯설어하는 게 아니라 항상 보던 광경이니까…. 편한 거 같다. 시합장 자체가. 재밌고. 조명을 잘못 달아놓은 시합장도 있다. 조명을 밑으로 쏘는 경우 조명 아래서 수구 던지면 전혀 안 보인다. 정말 별의별 경우가 다 있어서, 그런 거 다 겪다 보니 어떤 상황이 와도 (당황하지 않고) 하는 거 같다.

좋아하는 종목은?

요즘엔 잘 모르겠다. 리본, 곤봉에 힘들었는데…. 요즘 괜찮고. 예전엔 후프가 편안하게 할 수 있는 종목이었다.

프랑스 갔다 와서 인터뷰는 몇 번 정도?
운동 끝나고 또 하고 하고 그랬다. (거의 매일?) 그랬다. 주말엔 쉬고….

쉬는 날 거의 없었겠다. 광고도 찍었는데.
이번에 두 개. 쉬는 날에 광고 촬영하고 그랬다. 거의 쉴 시간이 없었다.

어렸을 때 유명해질 거라고 생각했나?
아니다. 전혀. 2년 전까지만 해도…. (김)연아 언니 보면서 운동선수도 저렇게 CF 찍고 정말 멋있다고 생각했었다. (기자가 '포스트 김연아'라고 말하자, 포스트 김연아가 될 거라는 건) 상상도 못했다. (언제부터 관심 느껴졌나?) 아시안게임 때부터….

식단에 대한 관심에 대해 어떻게 생각하나?
요즘 사람이 아름다움에 대해 관심이 많다. 그 식단 (기사가 나간) 이후로…. 내가 365일 그렇게 먹는 게 아니다. 어디 나가서 밥을 못먹겠다. 괜히 눈치가 보이고, 밥을 시켜도…. '너 이거 먹어도 되냐'라는 듯한 눈빛으로 쳐다보신다.

에너지가 필요한데 그거 먹고 충당이 되나?

시합 바로 직전엔 그렇게 먹으면 힘이 없어 안 되고, 2주 전까지 그렇게 먹고, 2주 시합 남겨두고는 먹을 거 먹으면서 준비한다. 대회 땐 평소보다 적은 세 시간 정도 훈련한다. 아무래도 많이 먹으면 찐다. 그러면 시합 때 몸이 무겁다. 조금만 쪄도 시합 때 느껴진다. 특히 예민할 때….

러시아 코치 무섭나?

뭐라고 많이 하는 편이다. 소리 지르거나 하는 게 아니라 나를 이해시킨다. '네가 왜 안 먹어야 하는지, 굶어야 하는지' 설득해서 결국 안 먹게 한다. 그게 더 무섭다.

참는 비법은?

러시아에서 살 뺄 때 밤에 배가 너무 고파 잠이 안 왔다. 너무 힘들었다. 어떻게 할 수가 없고…. 맨날 그러다 보니 꿈에서 먹는다. 별거 다 먹는다. 룸메이트도 같이 다이어트를 했다. 자기 직전까지 이런 얘기 하다가 잠든다. "나는 세계 대회 끝나면 뭐 먹을 거다."

세계선수권 끝나고 가장 먼저 먹은 음식은?

막상 시합 끝나고 나니 입맛이 없어서…. 한국에 와선 엄마가 해준 밥도 먹고 짜장면도 먹고. 외국 나가면 짜장면이 정말 먹고 싶어진다. 우리나라에만 있는 맛이다. 달짝지근하고…. 드라마나 텔레비전 프로그램에서 먹는 장면 나오면 그게 잊혀지지가 않는다. 너무 맛있게 먹으니까.

런던 올림픽 끝나면 하고 싶은 건 무엇인가?

솔직히 뭘 하면 안 될 거 같다. 끝나고 은퇴하는 게 아니고, 올림픽 나간 뒤에 (티켓 따낸 뒤에) 선수가 얘기 많이 해주는데. 올림픽이 워낙 크다 보니 끝나면 풀어지는 경향이 많다고. 그런 것 때문에 걱정 많이 된다. 그때는 뭔가 하면 안 될 거 같고, 다시 빨리 마음잡아야 할 것 같다.

너무 모범생이다.

지금 힘들다. 체력적으로도 그렇고 마음적으로도. (중략) (올림픽 출전권이라는, 원하는 것을 얻어왔는데 마음이 힘든 이유는?) 지금도 정말 잘해서, 운 좋게 11위까지 해서 행복하긴 한데 이제 다들 생각하는 게 '11등 했으니까 다음은 메달?' 이런 것도 있고. 나조차도 이제 11등 아래로는 절대 떨어지면 안 되겠다는 부담감 때문에.

어머니는 매일 (훈련장에) 같이 오시나? (그렇다.) 러시아 있을 때 어머니 못 봐서….

엄마 많이 보고 싶다. 통화 많이 한다. (아빠 얘기는 통 없더라. 런던에서 돌아오는 날 공항에 오셨다고는 하는데 안 보였다) 아빠가 숨어 계셨다고 한다. 아빠도 많이 보고 싶다. 아빠와 되게 친하다. 장난 많이 치고. 애교는 아니지만, 되게 친하다.

(어머니에게) 손연재 선수 여려 보여도 강단 있고 오기도 있고 독하기도 한 듯하다. 어렸을 때 그런 거 느낀 적 있나?
매번 그랬다. 혼자 풀어놓으면 아주 잘 놀았다. (골목대장이었나?) 그랬다. 그래서 공부 쪽은 아닌가 했다.(웃음) 그래도 초등학교 땐 공부도 곧잘 했다. (손연재, "엄마가 안 하면 혼냈잖아. 엄마가 시켜서 중학교 때까지 수학 과외도 했다.")

모든 것을
성취한 사나이의 관용,
미하엘 슈마허

37

미하엘 슈마허Michael Schmacher는 세계 최고 자동차경주 대회인 포뮬러 원F1
의 슈퍼스타다. F1 역사상 슈마허보다 많은 업적을 남긴 선수는 없다. 슈
마허는 1994, 95년베네통 소속, 2000~04년페라리 소속 등 모두 일곱 차례나 시즌
종합 챔피언을 차지했다. 최다 시즌 챔피언 기록이다. 또 통산 91승으로
F1 최다승 기록도 지니고 있다. 3위 내 입상 횟수154도 기록이다. 전성기에
는 한 해 수입이 8000만 달러947억 원를 넘나들었다. 타이거 우즈가 등장하
기 전까지 전 세계 스포츠 스타 중 가장 많은 돈을 벌어들인 사나이였다.
슈마허는 열네 살 때 독일 주니어 카트 챔피언이 됐다. 스물두 살이던
1991년 조던 팀 소속으로 국제 자동차경주 포뮬러 원F1 서킷에 데뷔했다.
시즌 중 베네통으로 이적했고 이듬해 3위에 올랐다. 데뷔 4년째인 1994 시
즌에는 마침내 월드 챔피언에 올랐다. 2006년 은퇴를 선언한 슈마허는
2010년 메르세데스의 창단 멤버로 서킷에 복귀했다. 복귀 뒤 우승이 없지
만 그의 기록은 여전히 난공불락으로 보인다. 이 위대한 선수가 2010년과

2011년 잇따라 한국을 방문했다. 전남 영암에서 열리는 코리아 그랑프리에 출전하기 위해서였다. 한국의 미디어는 슈마허에 깊은 관심을 보였다. 슈마허가 은퇴를 번복하고 복귀한 뒤 우승 기록이 없음에도 불구하고 세계 챔피언인 제바스티안 페텔에 못지않게 많은 그의 기사가 나왔다.

2011년 10월 12일, 슈마허는 한국의 주요 언론과 인터뷰를 했다. 이 인터뷰는 한국에 도착하기 전에 인터넷과 팩스, 전화 등으로 주요한 질문을 미리 받은 슈마허가 답변한 것을 이메일로 주요 언론사에 전송하는 형태로 이루어졌다. 이 인터뷰에서 슈마허는 자신의 성취에 대해 간결하게 설명하는 한편, 같은 독일 출신의 동료 드라이버 페텔에 대한 기대를 남김없이 드러내는 포용력을 보여주었다. 슈마허가 첫 우승을 기록할 때 페텔은 일곱 살이었고, 슈마허는 페텔의 우상이었다. 페텔은 슈마허를 본받아 성장을 거듭했으며 스무 살에 F1 그랑프리에 데뷔했다. 2006년 BMW 자우버 팀의 후보 드라이버가 된 그는 2007년 미국 그랑프리에서 쿠비차의 대타로 나와 8위를 기록했다. 시즌 도중 레드불의 2진 팀 토로로소로 이적한 그는 2009년부터 레드불 드라이버가 됐다. 그리고 2010년 드디어 월드 챔피언이 됐다. 챔피언이 되기까지 4년이 걸렸다. 슈마허와 같았다. 이런 선수에 대해 슈마허는 평가절하하거나 유보적인 태도를 보이기보다는 충분한 찬사와 가능성에 대한 신뢰를 보여줌으로써 인격적인 깊이와 '황제'라는 별명에 걸맞은 관용을 보인 것이다.

당신은 F1 역사상 가장 위대한 드라이버 중 하나로 손꼽히는데, 그러한 최고의 자리에 오르기까지 당신이 했던 가장 중요한 훈련은 무엇인가?

자신이 하는 일에 대해서 열정을 가지고 하는 것이 가장 중요한 것이다. 그리고, 어느 정도 실력이 있어야 된다고 본다. 또한 자기가 하는 일을 사랑하면 매일 열심히 일하고 연습을 게을리하지 않는다. 자기가 하는 일을 사랑하면 항상 동기부여가 된다. 자기 일을 사랑하고 동기부여가 되면, 운하고 성공은 자동적으로 따라온다.

대회가 없는 겨울에 시즌 준비를 할 수 있는 시간이 많지만 시즌이 시작되면 시간에 쫓겨 점검하고 준비할 시간이 매우 촉박하다. 그래서 나의 신조는 시즌 종료 후 보통 다른 사람이 100퍼센트 준비한 시즌이라고 말한 것보다 항상 120퍼센트 준비를 해놓고 시즌에 임하는 것이었다. 나는 주로 하루에 네다섯 시간씩 운동을 했는데 오전에 한 세션, 오후에 한 세션, 이렇게 나눠서 했다. 드라이버마다 운동하는 시간이 다르지만 대개 두세 시간씩 운동을 한다. 그러나 나는 스스로 만족하기 위해 다른 드라이버보다 운동을 더 많이 했다.

서킷에 돌아온 뒤 꾸준하게 성적을 내고 있지만 아직 시상대에는 오르지 못했다. 조급하지는 않나?

아니다, 전혀 그렇지 않다. 잘하지 못한 이유는 구체적으로 말할 수 없지만 다양한 내부적인 이유가 있다. 현재 우리는 새로운 팀을 구성 중이며 다 함께 동일한 목표를 달성하기 위해 달려가고 있다. 우리 팀은 단 2년째로 접어들고 있는 신생 메르세데스Mercedes가 2009년 브론Brawn GP 인수 팀이다. 아직 우리가 가려는 곳에 이르지 못했고 그것을 위해 끊임없이 노력할 것이다.

올 시즌 페텔이 벌써 F1 챔피언이 됐다. 드라이버로서 페텔의 가장 큰 장점은 무엇인가? 그가 당신이 세운 많은 F1의 기록을 깰 수 있다고 생각하나?

나는 제바스티안에 대해 매우 자랑스럽고 기쁘게 생각하고 있다. 그와 그의 팀은 작년에 이어 올해도 매우 훌륭한 업적을 일궈냈다. 페텔은 진정한 1위의 모습을 보여줬으며 나의 기록을 깰 수 있겠느냐는 질문에 대해선, 기록은 언제나 깨지기 위해 존재한다고 말하고 싶다.

드라이버가 아닌 일상생활의 슈마허는 어떤 차를 몰고, 어떤 운전 습관을 갖고 있는가?

메르세데스 GP 소속으로 뛰는 덕분에 다양한 메르세데스 자동차를 운전할 기회가 있다. 현재는 SLS와 E-class AMG 63T를 운전한다.

지난해 달려본 영암 서킷의 느낌은 어땠는지. 이번 그랑프리에서 어느 정도의 목표를 갖고 있는지?

작년에 우리는 아주 흥미로운 경험을 했다. 작년에 영암 트랙을 주행하면서 이 새로운 트랙의 특성을 재미있게 배웠다. 서킷은 매우 인상 깊은 시설이었고 특히 서킷 자체는 레이스를 즐기기에 매우 훌륭했다. 작년에 이어 두 번째로 방문하는 한국에서 시즌 베스트였던 4위만큼의 좋은 성적을 예상하고 있다.

<u>최근 아일톤 세나의 일대기를 담은 영화가 만들어졌다. 슈마허가 기억하는 세나는?</u>

1994년 아일톤 세나의 죽음은 정말 슬픈 일이었다. 그는 당시 세계 최고의 드라이버였고 정말 고수였다. 만약 세나가 더 살았다면 나와 최고의 경쟁을 벌였을 것이고 나에게 최고의 만족감을 줬을 것이다. 많이 아쉽다.

<u>20년 넘게 서킷을 달려왔다. 가장 기억나는 시즌과 대회는 무엇인가?</u>

가장 기억나는 시즌은 페라리 소속 당시 2000년도 챔피언십이다. 5년간의 여러 시도 끝에 챔피언에 오르지 못했지만 2000년에 드디어 챔피언이 되어 그동안 겪었던 여러 번의 실패를 만회할 수 있었다. 나는 항상 스파 대회를 선호했다. 스파는 안방 같이 생각된다. 내게는 첫 그랑프리이자 처음으로 우승한 대회이기도 하고 첫 챔피언십을 안겨준 그랑프리이기도 하기 때문이다. 스즈카의 고지대에 위치한 서킷도 흥미롭게 생각한다.

중국 언론에 분노한
허재

38

기자회견을 인터뷰로 보아야 하는지에 대해서는 논란의 여지가 있다. 저널리즘에 대한 정의를 시도한, 이 책의 앞부분에 나온 독일 《두덴Duden 사전》의 설명을 복습해보자.

인터뷰라는 저널리즘 장르의 어원이 되는 단어는 '서로 (짧은 시간 동안) 봄, 해후, 만남'을 뜻하는 프랑스어 'entrevoir'라고 한다. 이 단어에서 '약속된 만남'이라는 뜻을 지닌 프랑스어 'entreview'라는 명사가 파생됐다. 그 후 이 단어는 20세기 중반 미국 저널리스트에게, 그리고 시차를 두고 다시 영국 저널리스트에게 수용되었다. 그 이후로 '인터뷰'는 '여론에 공개할 목적으로 (신문) 기자와 (대개는) 저명한 인물 사이에 이루어진 시사적인 문제에 대한 대화unterhaltung나, 답변 당사자 때문에 대중이 관심을 갖게 된 사건에 대한 대화'를 의미하게 된다. 또 《브로크하우스Brockhaus 백과사전》에 따르면, 인터뷰란 '사건이나 인물과 관련된 정보를 얻기 위해 인터뷰 진행자가 개인(정보 제공자)에게 목적을 갖고 질문 조사를 하는 행위'다. 《피셔Fischer 신문방송학 사전》은 '인터뷰는 하나의 기술 방식일 뿐 아니라 조사 방법이기도 하다'라고 했다. 《저널리즘 핸드북》의 공동 저자인 울프 슈네이더Wolf Schneider와 조세프-폴 하루에Josef-Paul Raue는 인터뷰를 제작 단계에 따라서 분류하고 있다. 인터뷰는 우선 대화 참여자 사이의 '만남'이며, 둘째로, 이들의 대화 내용 중 대중에게 공개될 특정 부분이며, 셋째로, 그중에서 실제로 인쇄되거나 방송된 것이다.[42]

42 미하엘 할러Michael Haller, 《인터뷰, 저널리스트를 위한 핸드북》Das Interview: Ein Handbuch für Journalisten, 2008, pp34~35.

나는 기자회견 역시 인터뷰의 한 형태라고 본다. '인터뷰는 대화 참여자 사이의 '만남'이며, 이들의 대화 내용 중 대중에게 공개될 특정 부분이며, 그중에서 실제로 인쇄되거나 방송된 것'이라는 정의를 수용한다. 스포츠 경기를 둘러싼 기자회견에는 다수의 인터뷰어기자단·보도진와 한 명 또는 여러 명의 인터뷰이가 참가한다. 올림픽이나 월드컵, 국가 대표 팀의 국제 경기나 프로 스포츠의 우승자 결정전 등을 전후로 무수한 인터뷰가 이루어진다. 여기서는 인터뷰어와 인터뷰이가 대화하듯이 심층적인 사고를 교환하기 어렵다. 그러나 기자회견에서는 일반적으로 한 가지 주제나 소재, 특정한 종목을 대상으로 집중적인 대화가 오가는 것으로 장시간에 걸쳐 분위기가 일종의 결론 내지는 공감으로 수렴된다.

이러한 과정을 통하여 인터뷰 본래의 목적에 근사近似하게 접근할 수 있다. 물론 이러한 저널리즘의 상식이 적용되지 않는 경우도 허다하다. 특히 경기력 수준에 비해 국수주의 내지 지역주의가 지배적이고, 미디어를 비롯한 스포츠 문화가 열등한 수준에 머무르고 있는 지역에서 이루어지는 기자회견은 본질에서 이탈할 위험이 있다. 가장 위험한 경우는 미디어가 원하는 기사를 쓰기 위한 최소한의 장치로 인터뷰이의 발언을 강요하거나 빼앗아내려 할 때다. 이럴 때 미디어의 추악한 일면이 드러나는 법이고, 해당 미디어가 서식하는 환경국가나 사회, 문화권의 열등함을 감출 수 없게 된다.

2011년 9월에 중국 허베이 성 우한에서 열린 아시아 남자 농구 선수권 대회에서 나온 중국 미디어의 행태는 이 같은 위험을 드러내는 정확하고도 적나라한 예에 속한다. 당시 중국 기자는 기자회견을 통하여 인터뷰이 내지 취재원에 대해 집단 폭행과 다름없는 행동을 서슴지 않았다. 전례가 없는 망발로 점철된 이날의 살벌한 분위기에 대해 중국 미디어는 결코 부끄러움을 느낄 리 없으며, 오히려 승리감에 도취됐을 것으로 생각된다. 중국 미디어가 기자회견을 통해 드러난 당시의 저급한 수준에서 탈피하기 위해서는 적지 않은 시간이 필요할 것이다. 어쩌면 우리로서는 최악이라고밖에 볼 수 없는 수준이 당시 그들의 스탠더드표준로 확정되어 있지 않나 싶기도 하다.

다음은 국내에 보도된 다양한 매체의 기사를 토대로 2011년 9월 24일 열린 기자회견 내용과 국내 언론의 여러 보도 내용을 종합한 것이다. 각종 포털 사이트에 내걸린 기사 가운데 비교적 중복이 적은 매체의 기사를 선택하였다.

중국 기자의 태도는 마치 전쟁에서 진 적군의 장수를 생포하기라도 한 듯한 것이었다. 그들의 질문은 질문이라고 보기 어려울 만큼 저급한 데다가 모욕적이기까지 했다. 농구 경기와 무관한 질문도 적지 않았다. 기자회견장에 모인 한국 기자는 인터뷰나 회견이라기보다 '취조'에 가깝다고 느꼈다. 손님이나 패장에 대한 예의는 조금도 찾아볼 수 없었다.

중국과의 아시아 남자 농구 선수권대회 준결승전이 끝난 24일 밤. 중국 허베이 성 우한 스포츠 센터의 널찍한 공식 인터뷰 룸에는 수많은 중국 취재진이 모여 있었다. 인터뷰 진행자 양 옆으로 경기에 진 한국의 허재 감독과 이긴 중국 감독이 앉았다. 그런데 질문은 허재 감독에게 집중됐다. 중국 감독은 자신에게 질문이 없자 휴대전화를 만지작거리며 시간을 보냈다. 대체로 경기가 끝난 다음 기자의 질문은 이긴 팀 감독과 선수에게 집중되는 법이다. 경기에 진 팀의 감독에 대해서는 패인 몇 가지만 묻고 마는 것이 상식이고 배려이기도 하다. 재원을 떠나 인간에 대한 예의 차원이다. 질문의 내용도 애초에 기사 작성을 위한 질문이라고 보기 어려웠다. 패장인 허재 감독을 조롱하듯 비웃으며 모욕하려는 의도가 역력했다. '졌으니 모욕을 당하는 것이 당연하다'는 듯한 태도였다. 중국의 승리를 다시 한 번 확인하고 즐기는 한편 한국의 완전한 굴복과 반성을 요구하는 듯한 질문이 끝도 없이 반복됐다.

한 중국 기자는 한국의 오세근 선수에게 경기 중에 일어난 일을 꼬투리 삼아 "왜 중국 7번이라을 팔꿈치로 쳤느냐"고 물었다. 경기 도중

오세근 선수와 중국의 포워드 이리 선수가 잠시 시비가 붙었던 상황을 지적하는 내용이었지만 마치 오세근 선수를 질책하려는 듯한 뉘앙스였다. 아깝게 경기에 져 분이 삭지 않은 오세근 선수는 고개를 숙인 채 질문을 듣더니 표정이 확 굳어졌다. 그는 감정을 드러내지 않으려 애쓰면서 "경기의 일부였다"고 짧게 답했다. 그는 고개를 들어 질문을 한 기자를 바라보지조차 않음으로써 불쾌감을 간접적으로 표현했다. 허재 감독에게 중국 기자가 한 질문은 더욱 도에 지나쳤다. "당신은 유명한 3점 슈터였는데 왜 한국은 오늘 3점 슛 성공률이 5퍼센트밖에 되지 않았느냐"고 했다. 허 감독은 "중국 수비가 잘했다"고 했다. 중국 취재진 여럿이 웃음을 터트렸다. 손안에 들어온 포획물을 가지고 노는 듯한 분위기가 계속됐다. 중국 취재진은 서로 경쟁하듯 손을 들고 질문했다. 사회자가 질문자를 고르기 곤란할 정도였다. 한 기자는 "중국전 하루 전에 심판 판정이 불리할 수도 있다고 말했는데, 오늘 경기에서 편파 판정이 있었느냐"고 물었다. 질문의 형태였지만 사실상 비아냥거림이었다. 허 감독 표정이 일그러졌다. 굴욕감을 느낄 만한 상황이었다. 허 감독은 "노코멘트"라고 했다. 중국 취재진이 크게 웃었다.

문제는 다음이었다. 한 중국 기자가 "경기 전 중국 국가가 울려 퍼질 때 한국 선수는 왜 움직였는가"라고 물었다. 이날 중국 국가가 울릴 때 체육관을 가득 메운 중국인은 마치 전쟁에 나서는 병사처럼 실내 체육관이 떠나갈듯 우렁찬 목소리로 국가를 따라 불렀다. 한국은 물론 전 세계 어느 나라에서도 보기 힘든 광경이었다. 중국 기자의 질문은 그렇게 중요한 순간에 중국 국가와 국기에 대해 경의를 표하고 부동자세를 취했어야 하지 않느냐는 항의와 다름없었다. 그런데 이 질문은 대회를 개최한 중국 현지 조직위원회의 무례와 몰상식을 생각한다면 하기 어려운 질문이었다. 우선 대회 조직위원회는 한국과 중국의 준결승전을 앞두고 선수 소개와 국가 연주 순서를 바꿔버렸다. 당초 선수 소개와 국가 연주 순서는 중국을 먼저 하고 그다음에 한국을 하게 돼 있었지만, 조직위원회는 한국을 나중에 하면 중국 홈 팬의 함성이 경기 시작까지 이어지지 않는다는 점을 고려해 순서를 일방적으로 바꿔버렸다. 그러므로 조직위원회의 비례非禮를 기자가 인지했다면 조직위원회를 비판할 수는 있었어도 한국 감독에게 그런 태도를 보일 순 없었을 것이다. 스포츠 대회를 운영하는 기초적 상식과 세계적인 관행에 대해서는 일절 알지 못하는 조직위원회와 중국 스포츠 기자의 수준을 남김없이 드러내고 만 것이다.

그러므로 실상은 중국 기자가 질문을 한 것이 아니고 대한민국의 국가 대표 팀 감독을 '잡아다' 앉혀놓고 '중국 국가가 나오는데 어디서 감히 자세를 흐트러뜨리느냐고 꾸짖은 셈이다. 질문 내용을 알아들은 한국 통역이 난감해 했다. 허 감독에게 질문이 전달되기까지 통역끼리 정확한 질문 내용을 확인하느라 꽤 오랜 시간이 걸렸다. 다시 한 번 질문 내용을 확인한 뒤 허 감독에게 머뭇머뭇 질문을 전달했다. 결국 허 감독이 폭발했다. 인내심이 한계에 다다랐다. 허 감독은 "무슨 소리야 그게. 말 같지도 않은 소리 하고 있어. X발 짜증나게"라며 자리를 박차고 일어섰다. 중국 기자는 기자회견장을 떠나는 허 감독에게 "Go back home!", "bye bye"라고 외치며 끝까지 조롱했다.

한국으로 돌아온 허재 감독에게 매스컴의 질문이 쏟아졌다. 허재 감독이 기자회견 도중 분을 참지 못하고 육두문자를 내뱉은 뒤 회견장을 떠나는 모습이 담긴 동영상은 화제를 모았다. 허 감독은 2011년 9월 28일, 〈CBS〉 라디오 '김현정의 뉴스쇼'에 전화로 출연해 진행자와 대담하면서 당시의 상황에 대하여 설명하였다. 그는 "구체적으로 말씀드리면 경기와 관련된 질문을 했어야 하는데 한국 농구를 비아냥거리고 (우리) 선수의 안 좋은 부분을 계속 얘기하기에 그래서 그랬습니다"라며 화를 낸 이유를 설명했다. 경기 후 인터뷰를 하기 전에도 중국 기자는 "한국 선수는 왜 중국에서 라면을 먹느냐"는 등 상식 밖의 질문을 해 허재 감독을 불쾌하게 만들었다는 것이다. 허 감독은 "그전 인터뷰에서도 많이 참았었는데 농구랑 전혀 상관없는 질문부터 시작해 한국 농구를 비아냥거렸다"며 "한국 농구가 이렇게 잘할 거라고 생각했느냐는 식의 질문도 있었다"며 구체적인 예를 들기도 했다. 한마디로 중국 기자에게는 기본적인 예의나 상식조차 없었다는 것이 허 감독의 주장이었다. 허 감독은 "홈에서 경기를 하면서 자기네 이점을 살리더라도 상대방에 대해 어느 정도 예의는 지켜줘야 하는데 그것을 너무나 무시하는 행동을 했어요. 한국 농구, 더 나아가서는 한국을 우습게 보는 건데…. 그래서 제가 좀 그랬습니다"라며 자신의 입장을 설명하였다.

현장에서 취재한 기자의 보도에 의하면 중국의 횡포는 훈련 스케줄, 경기장 메인 코트 사용 시간 배정, 경기 시간 편성 등에서 그대로 드러났다. 모든 것을 중국 대표 팀 위주로 짜놓았고, 방문 팀에 대한 배려나 형평성은 찾아보기 어려웠다. 여러 나라 팀이 이에 대해 조직 위원회에 항의해봤지만 '우리도 어쩔 수 없다. 그냥 해라'는 식의 답변으로 일관했다고 한다. 허재 감독은 '여러 가지로 진행이 너무나 형편없었고 무엇보다도 중국 대표 팀이 심판진과 같은 호텔을 이용하는 등 상식적으로 이해가 안 되는 부분이 많았습니다'라며 국제 대회 룰마저 무시한 중국의 일방통행에 불만을 토로했다. 기자회견장을 박차고 나온 행동에 대해서는 '후회하기보다는 조금 더 참았어야 되는데 참지 못하고 나온 게 약간 아쉬운 것 같습니다'라며 '(다시 그 상황으로 돌아간다면) 다른 방법을 썼을 것 같습니다'라고 말했다. 그러나 '(중국과의 안 좋은 감정을) 풀고 싶은 생각은 없습니다'라고 잘라 말했다.

중국 우한에서 벌어진 상황에 대한 대한민국 스포츠 기자의 인식은 어땠을까. 〈중앙일보〉 김종력 기자는 2011년 9월 30일자로 쓴 칼럼에서 "모욕을 당한 허 감독의 대응은 지나치게 거칠었다. 그래도 허 감독에게는 불쾌감을 표현할 권리가 있다. 그러기에 국내 스포츠 팬과 네티즌은 상당 부분 공감하고 공분을 느꼈으리라"라고 정리했다.

〈동아일보〉의 권순일 기자는 '허재 감독, 정말 잘했다!'라는 제목의 2011년 10월 2일자 칼럼에서 "2008년 베이징 올림픽을 앞두고 서울에서 올림픽 성화 봉송이 있었을 때 한국에 거주하는 중국인은 군중을 이뤄 중국의 인권 문제를 지적하는 단체를 향해 흉기를 집어 던지는 등 난동을 부렸다. 그때를 생각하면 기자회견장에서 무례를 범한 수준 이하의 중국 기자는 허재 감독에게 한방 얻어맞지 않은 것만도 다행으로 여겨야 할 듯하다"라고 야유했다.

인터뷰를
주도하라

39

앞에 제시한 인터뷰 사례는 모두 준비된 인터뷰이의 모습을 보여준다. 그들에게 인터뷰 준비란 여러 가지 의미를 지닌다고 볼 수 있다. 가장 먼저, 자주 인터뷰를 해야 하는 인터뷰이가 인터뷰어로부터 자주 듣는 질문에 대해 반복적으로 답변하면서 습관처럼 되어버린 언급을 반복하는 경우를 들 수가 있다. 가끔 텔레비전의 오락 프로그램에서 희극인이 흉내 내어 웃음을 사기도 하는 박지성 선수의 인터뷰가 전형적인 예다. "이번 경기를 앞두고 어떻게 생각하느냐"는 질문에 박지성 선수는 "이번 경기는 우리 젊은 선수가 합류한 지 얼마 되지 않아 열리는 대회이기 때문에, 대단히 중요하다고 생각하기 때문에, 최대한 준비해야 한다고 생각하기 때문에, 동료와 힘을 합치지 않고는 이길 수 없다고 생각하기 때문에, 최선을 다해야 한다고 생각합니다"라는 식으로 대답하는 경우가 많다. 물론 여기에는 다소 과장이 있다. 나는 단지 박지성 선수의 답변 패턴을 언급하고 싶은 것뿐이다. 특히 기자의 질문이 요령부득要領不得이라 박지성 선수가 이런 식의 답변을 할 수밖에 없는 경우도 적지 않다.

그런데 '박지성식 인터뷰'가 조금 더 나아가면 인터뷰이가 하고 싶은 말만 하고 인터뷰를 끝내는 경우가 생긴다. 이런 인터뷰는 인터뷰어의 입장에서 뒷맛이 개운치 않을 수 있는데, 그럼에도 취재원과 미디어가 만나는 현장에서 심심치 않게 발생한다. 앞에 제시한 조양호 평창 동계올림픽 유치위원장의 인터뷰가 가장 대표적인 사례다.[43]

이 인터뷰에서 조 위원장은 기자의 질문과 관계없이 주요 현안에 대한 설명과 의문점에 대한 해명을 적극적으로 하고 있다. 그래서 대화가 아니라 담화 수준의 인터뷰가 되었다. 이러한 방식은 특히 슈퍼스타이거나, 기업이나 정부 부처의 고위직에 있는 인물이 흔하게 사용하는데, 그렇게 되지 않도록 주의할 필요가 있다. 고압적인 느낌을 줄 뿐만 아니라 다자의 합의가 필요한 사안에 대해 일방적으로 규정하고 넘어감으로써 기존에 제시된 의혹과 궁금증에 대해 충분한 설득 없이 해명에 급급하다는 인상을 주기 쉽다. 다시 말해, 대화의 형식으로 문제의 이슈를 풀어가는 방식의 진행이 불가능하다는 뜻이다. 이렇게 되면 '아무개가 문제의 사안에 대해 언급했다'는 정도의 의미만 남게 된다.

두 번째로는 대답할 수 있는 한계를 미리 책정해두고 그 한계를 넘어서는 답변은 결코 하지 않는 경우를 들 수 있다. 이 역시 재벌 총수나 정치인 같은 인터뷰이의 인터뷰에서 자주 나타나는 현상이다. 대통령의 연두 기자회견을 떠올리면 이해가 쉬울 것이다. 이런 인터뷰 방식을 택하는 인물은 극단적인 답변을 결코 하지 않

43 그런데 이 인터뷰는 한동안 미디어와 공식-비공식 인터뷰를 하지 않던 조양호 위원장이 국제올림픽위원회IOC의 2018년 동계올림픽 개최지 결정을 앞두고 중앙 언론사 한 곳을 택해 인터뷰에 응한 특수한 경우라는 점을 고려해야 한다.

으며 그럴 수 있는 입장도 아니다. 대개 이런 인터뷰이는 자신이 하고 있는 일에 대해 의구심이나 불충분한 정보만을 가진 사람에게 전달되어도 좋을 만한 최소한의 정보만을 제공하려 노력한다. 미디어 세계에서 인터뷰이는 불충분한 정보 제공으로 당하는 비난이 도에 지나친 발언 때문에 촉발되는 논란보다 낫다고 생각하는 것 같다. 인터뷰이 입장에서 미디어를 상대로 하는 인터뷰는 상당히 부담스러운 일이므로 있을 수 있는 일이다.

그러나 우리는 세 번째 예로 인터뷰를 통하여 인터뷰이가 가진 생각을 분명히 드러내고 일정한 사안이나 인물인터뷰이 자신을 포함한에 대한 인식을 전환하는 계기를 만들려 노력하는 경우 또한 충분히 생각해볼 수 있다. 손연재 선수의 인터뷰는 그런 점에서 눈여겨볼 만하다. 또 미하엘 슈마허의 인터뷰는 서면 인터뷰라는 독특한 형식으로 이루어졌다. 세계를 무대로 활약하며 시간 단위로 장소를 옮겨 다니는 국제적인 스포츠 스타를 직접 인터뷰할 기회는 많지 않다. 사실 이 서면 인터뷰는 슈마허의 매니지먼트 전체를 담당하는 회사 관계자가 정교하게 다듬어 완성한 것이다. 당연히 경기가 열리기 전후의 숨 가쁜 상황에서 이루어진 인터뷰와는 성격이 근본적으로 다르다. 상당한 성공을 거둔 스포츠 영웅은 땀을 흘리며 하는 현장 인터뷰보다는 미리 약속되고 조정된 인터뷰를 할 때가 더 많다.

서면 인터뷰 방식에 대해서는 전근대적이거나 무의미한 인터뷰 방식이라고 생각하기 쉽다. 그러나 나는 미디어 종사자나 인터뷰이가 서면 인터뷰 방식에 대한 생각을 바꾸어볼 필요가 있다고 본다. 최근의 서면 인터뷰는 대부분 이메일을 통하여 이루어진다. 이메일 인터뷰는 공간의 제약을 받지 않으며, 미디어의 입장에서는 인터뷰를 하기 위한 비용과 시간을 절

약할 수 있다. 인터뷰어는 먼저 전화를 걸어 이러저러한 취지로 이메일 인터뷰를 하고 싶다고 제안하거나 이메일을 써서 인터뷰를 요청한다. 인터뷰이는 인터뷰에 응하겠다고 응답할 수도 있다. 그러나 "먼저 질문지를 보내라, 그러면 읽어보고 인터뷰에 응할지 결정하겠다"라고 대답할 수도 있다. 이메일로 보내온 여러 가지 질문에 대해 선별적으로 답할 수도 있을 것이다. 인터뷰어와 인터뷰이 양자가 이메일 인터뷰를 잘만 활용한다면 불필요한 시간과 노력, 감정적인 낭비 없이 고품질의 인터뷰를 해낼 수 있다고 본다. 사실 중앙 일간지를 비롯, 많은 오프라인 미디어가 적극적으로 이메일 인터뷰를 시도하고 있다. 신문에 게재되는 인터뷰 기사의 상당수가 이메일을 통해 만들어졌음을 부인할 수 없다. 또한 이메일 인터뷰는 앞으로도 자주 활용될 것이다. 고급 인터뷰의 상당수가 이 방식을 통해 이루어질 가능성도 있다.

인터뷰의 성공 여부는 준비 과정에서 결정된다고 해도 과언이 아니다. 기자만 전투에 나가는 병사처럼 준비를 철저히 하는 것은 아니다. 성공한 인터뷰이는 대부분 인터뷰를 하기에 앞서 성공할 준비를 해둔다. 최소한 그날 인터뷰에서 주고받을 대화에 대해 예상해보고 이슈를 철저히 숙지해 두어야 한다. 사회적으로, 또는 특정한 분야에서 쟁점이 되고 있는 사안이 앞에 놓여 있을 때, 준비 없는 인터뷰는 인터뷰이에게 매우 위험하고 불리한 결과를 만들어낼 수도 있다. 또한 이슈에 대한 숙지가 부족하면 인터뷰어와 의견이 대립되어 불편한 대화를 해야 하거나 불필요한 감정 대립을 빚을 수 있다. 가장 나쁜 것은 해석의 여지를 많이 남기는 불분명한 말을 남발하는 것이다. 특히 경기에 졌다거나, 실책을 했다는 등의 이유로 주목을 받는 상황에서 의미를 분간하기 어려운 불투명한 언어를 남발하는 것은 불리한 결과를 감수하겠다는 메시지를 전달하는 것과 같다.

이런 인터뷰이에 대해 인터뷰어, 즉 기자는 매우 공격적인 인터뷰를 시도하게 되며, 이들과 감정적으로 대립하게 되면 생각지도 않았던 (또는 마음에도 없는) 말을 해서 원래 하고자 했던 (또는 하고 싶었던) 말과는 동떨어진 엉뚱한 내용이 미디어를 통해 보도되는 난감한 일을 당하기 쉽다. 기자는 본질적으로 악의적인 인물이 아니라 해도 자극적인 언어와 메시지에 굶주려 있다. 이들에게 먹이를 던져주는 것과 같은 어리석은 말과 행동은 피하는 것이 좋다.

인터뷰이는 단지 인터뷰어의 궁금증을 해소해주기 위해 인터뷰하는 것이 아니다. 인터뷰이가 필요를 느끼지 않는 인터뷰는 하지 않는 것이 좋고, 그럼에도 하게 되었다면 상황을 주도하는 쪽이 안전하고 유익하다.

덧붙이는
글

나만의 인터뷰 매뉴얼 만들기

40

지금까지 이 책은 스포츠맨을 위한 인터뷰 매뉴얼을 소개하고 그 지도를 거칠게 그려왔다. 하지만 결론에 해당하는 이 부분에서 다시 한 번 강조하는 것은 스포츠맨인 당신 스스로가 '나만의 인터뷰 매뉴얼'을 만들어야 한다는 사실이다. 앞서 살펴본 내용을 복습하면서 '나만의 인터뷰 매뉴얼'을 만들어보자.

'인터뷰가 뭐지? 아, 참! 그건 경기가 끝난 후에 기자가 질문하는 면담이야. 그렇지. 기자 양반이 내 곁을 지나면서 던지는 사소한 질문도 실은 인터뷰의 한 부분이야. 그러니 난 경기장 안에서건 바깥에서건 대중이 궁금해 하는 모든 점을 대신 살피는 기자 양반의 질문 의도를 잘 파악해야 해. 그러니까 난 언제나 우승에 목말라하고 우승한 뒤에는 소감을 언제 어디서건 당당하고 자신 있게 말할 수 있어야 해. 뭐라고 우승 소감을 말할까?'

이런 생각을 하면서, 당신이 우승한 순간을 상상하며 소감을 한번 말해보자.

나의 우승 소감 | 예

전 언제나 우승에 목말라하며 훈련에 매진해왔어요. 오늘 이 순간의 기쁨을 누리기 위해 전 고통을 참고 부모님과도 떨어져서 외롭고 힘들게 훈련에 매 순간 임했어요. 물론 친구가 있었고, 자상한 코치 선생님도 계셔서 제게 큰 힘이 되었습니다. 하지만 언제나 제 자신의 노력이 중요하다고 생각했어요. 노력은 절 배반하지 않거든요. 지금의 제 자신이 너무나 자랑스러워요. 저를 믿어주신 부모님과 코치 선생님, 그리고 동료, 국민 여러분의 성원도 큰 힘이 되었습니다. 지금까지 저를 믿어주신 모든 분께 감사드립니다.

하지만, 기자는 당신의 소감만 묻는 건 아니다. 왜, 지난 대회에서 우승한 뒤 이번 대회에서는 우승하지 못했나요? 그 원인은 대체 어디에 있다고 생각합니까? 다소 강압적인 분위기에서 기자는 당신에게 다그치듯 질문한다. 이런 상황에서 당신은 어떻게 답하겠는가?

나의 변명 | 예

그렇습니다. 전 지난 대회에서는 우승했지만 이번 대회에서는 제 자신에게 크게 실망했습니다. 정상에 오르는 순간 정상을 지킨다는 건 새로운 도전이라는 걸 알아야 했습니다. 전 그렇지 못했습니다. 하지만 이번 실패는 제게 새로운 도전의 목표를 세우게 만들었습니다. 영원한 챔피언으로 기억되기 위한 다음을 지켜봐주십시오. 반드시 다시 일어나 정상에 오르겠습니다.

인터뷰에서 기자의 질문은 위에서와 같이 충분히 예상 가능한 질문으로 구성되어 있다. 우리 스스로 예상되는 질문의 목록을 만들어나가야 한다. 기자는 쉽고 기분 좋고 대답하기 쉬운 질문부터 시작하는 게 보통이다.

'세 개의 심장을 가진 선수'라는 별명의 축구 스타 박지성 선수에게는 평소 즐겨 먹는 음식에 관해 질문하리라는 예상을 할 수 있어야 한다. 이때 당신의 성격이나 행동의 장점은 무엇인지 단점은 무엇인지를 알고 있는 것도 중요하다. 또한 자신이 즐겨 먹는 음식만이 아니라 좋아하는 옷의 형태—정장 스타일을 즐겨 착용하는지, 아니면 운동복과 아웃도어 스타일을 즐기는지— 등에 대해서도 꼼꼼히 기록해두는 게 좋다.

그래서 이런 자기만의 생각을 기록하는 습관을 가지면 좋다. 글쓰기는 부담스럽지만, '둔필승총鈍筆勝聰, 총명함을 이기는 게 둔한 사람의 기록하는 습관이라는 뜻'이라는 말이 있듯 기록해서 정리하는 습관을 갖는 건 매우 중요하다. 그중에서도 부담 없이 자기 자신이 독자가 되는 일기 쓰기를 권한다.

일기는 특정한 목적을 두고 쓰는 건 아니다. 하지만 날마다 훈련 일지와 함께 스포츠 종목에 대한 자기 나름대로의 연구를 기록해두는 게 필요하다. 전지훈련을 간다고 하자. 이때 가져간 물품에서부터 비행기나 배, 차편을 예약하는 방법, 그곳의 유명한 음식, 전지훈련에서 구성된 식단, 훈련 시간과 지도 방식에 이르는 부분을 기록해둔다면, 나중에 지도자가 되어서라도 전지훈련을 기획하고 실행할 때 쓸모가 있다.

뿐만 아니다. 일기에는 감명 깊게 읽은 책과 지은이, 감명 깊은 대목과 함께 페이지도 기록해두면 좋다. 책을 한 번 읽고 버리는 걸로 생각하는 사람은 경솔한 사람이다. 사람이 한평생 동안 스쳐 지나가는 사람의 수는 대략 3만 명 정도라고 한다. 그러나 일생 동안 자신과 관계를 맺는 사람은 3천 명 정도이고, 그 사람들 중에서 친분을 맺는 인물은 150명 내외라고 한다. 그중에서 30명만 내가 죽는 자리에 온다고 해도 그 삶은 성공적일 것이다.

읽은 책을 좀 더 쓸모 있게 활용하는 방법이 있다. 인상 깊은 구절을 밑줄이나 표시를 해가며 읽은 뒤, 그 부분만을 따로 정리해두면, 그 기록은 고스란히 자신의 경험을 넓혀주고 삶을 풍요롭게 만드는 자양분이 된다. 좋은 구절에서 받은 인상까지 일기장에 기록해둔다면 언제 어디서나 누구와도 친근하게 대화를 나눌 수 있게 될 것이다.

시와 소설을 가능하면 많이 읽으라고 권하고 싶다. 처세와 성공을 다룬 많은 책보다 더 당신의 생각과 경험을 풍요롭게 만드는 것이 시와 소설이기 때문이다. 소설은 앞서 말한 것처럼 한 인물의 삶에 대한 가장 상세한 보고서다. 이 보고서에서는 세계에 대한 작가의 세밀한 관찰을 통해 만들어진 인물이 어떻게 좌절을 겪으면서 세상에서 의미 있는 인생을 살게 되는지에 대한 통찰력이 발휘되고 있다. 모든 작품은 가장 세밀한 한 편의 이야기다. 소설에서 취급한 사랑 이야기가 어느 하나라도 똑같은 게 있다면 그 작품은 표절이 된다. 그러니까 사람의 얼굴이 각각 다른 것처럼 어느 소설도 똑같을 수가 없다. 시 또한 마찬가지다. 시는 일상인이 발견하지 못하는 소소한 삶의 국면에 대한 시인의 생각과 마음이 그려낸 가장 정밀한 풍경이다. 이 풍경을 읽고 감응하다 보면 당신은 어느새 섬세하고 정확하며 품격 있는 표현으로 무장한 세련된 교양인이 되어 있을 것이다.

풍요로운 독서의 경험은 스포츠맨이 격렬한 육체의 근육을 키우는 데

치중한 나머지 자칫 소홀하기 쉬운 정신의 근육을 키워준다. 정신의 근육은 육체의 근육과 달리 호흡이 깊고 느리다. 정신적 근육은 고독한 상황에서만 길러진다. 외롭고 힘들 때마다 책을 펼쳐들거나 산책하며 자신과 대면하는 것도 정신적 근육을 키우는 한 방법이다.

스포츠맨은 문화인이다. 그는 경기 규칙을 준수하며 상대를 오직 실력으로만 제압하여 승리를 거머쥔다. 그런 까닭에 스포츠맨은 대중에게 신뢰와 선망의 대상이 된다. 만약 근육이 단단한 그와 함께 한 편의 시와 소설 속 이야기를 인용하며 대화를 나누는 시간이 온다면 우리 사회에서 스포츠맨을 존경하는 분위기가 좀 더 빨리 만들어질 것임에 분명하다.

프로야구 팀 LG 트윈스와 SK 와이번즈에서 일한 김성근 감독은 '야신'이라는 별명이 생길 만큼 이기는 야구로 명성을 얻었다. 그는 지난 베이징 올림픽에서 야구 중계방송의 해설을 맡아 전문가의 안목을 유감없이 발휘했다. 절제되고 정확한 언어 표현, 상대의 전략을 꿰뚫는 전문가의 감식안은 놀라울 정도였다. 그 예리함과 흔들리지 않는 객관성은 평소 즐겨 읽는 책에서 나온다고 생각된다. 책은 하나하나에 전문가의 식견을 담아낸 지식과 경험의 보물 창고이다.

인터뷰의 식상한 질문만큼이나 따분한 건 단답형이나 판에 박힌 듯 외워서 하는 답변이다. 그런 답변으로는 대중에게 감동을 줄 수 없다. 스포츠맨이 정상에 올랐을 때 그들에게 주어지는 최대의 기회가 바로 인터뷰일지 모른다. 그 인터뷰에서 언변 좋고 품격 있는 모습을 보여주는 것은 중요하다. 스포츠맨이 교양을 겸비한 존재임을 보여줄 절호의 기회를 놓쳐서는 안 된다. 자신의 뛰어난 재능을 사회에 활용할 기회를 포기해 오히려 독이 되지 않게 하려면 미리 준비해야 한다.

표현력을 키우지 않는 스포츠맨은 인터뷰에 두려움을 느낄 수밖에 없다. 표현력을 키우는 방법으로 한 시간 동안 책을 읽으면서 처음 10분 동안 천천히 감정을 실어 낭랑한 목소리로 낭독해보자. 감명 깊은 구절이 있다면 밑줄을 치고 소리 내 읽어보자. 읽으면서 자신의 발음과 어조, 억양을 훈련하는 것이다. 그런 다음 내용에 몰입하면 더 빠르게 책을 독파해나갈 수 있다. 소설은 가능하면, 잡으면 빠른 시간 안에 모두 읽는 게 좋다. 두고두고 읽다 보면 앞의 줄거리가 생각나지 않는 경우가 많기 때문이다.

짧은 분량에서 긴 분량으로 점차 읽어가는 범위나 속도를 높이다 보면 독서에서 생기는 정신의 근육은 더욱 단단해진다. 독일의 노벨상 수상 작가인 귄터 그라스Günter Grass는 어느 한 강연에서 "700페이지의 장편소설을 읽을 수 있는 사람은 그 어떤 고난도 이겨낼 수 있는 능력을 가진 자"라고 말했다. 귄터 그라스의 말은 두꺼운 소설 한 권을 읽고 즐길 수 있는 이야말로 등장인물의 삶을 관조하며 자신의 삶을 되돌아 보며 어려움을 견디는 정신의 근육을 소유한 자라는 뜻에 가깝다.

일기 안에서 미래에 있을 인터뷰를 떠올리며 기자가 던질 예상 질문을 연상하고 답변을 준비하는 일은 꿈꾸기 같지만 오래지 않아 닥칠 현실이 될 수 있다. 스포츠맨은 자신의 꿈을 현실로 바꾸는 능력을 가진 사람이다. 왜냐하면 날마다, 매 순간마다 삶의 극한을 경험하며 목표에 조금씩 조금씩 다가가기 때문이다. 훈련 일지를 기록하고, 내가 읽은 책에서 감명받은 구절을 적어두며 하루하루 힘든 훈련을 반성하는 과정이야말로 스포츠맨이 가진 진정성을 숙성시키는 시간이다. 그 간절한 목표 의식과 결연한 훈련 시간이 몸과 정신의 '근육'이 되어 정상에 한발 다가설 수 있는 원동력이 되기 때문이다.

일기를 쓰는 일은 스스로 인터뷰 매뉴얼을 만드는 일이다. 그렇게 하다 보면, 슬럼프도 이겨내고 실패와 좌절도 극복해 자기도 모르는 새에 훌륭한 스포츠맨이 되어 있을 것이다. 그뿐인가. 어느 사이엔가 미디어에게는 매력 있는 인터뷰이, 대중에게는 선망받는 스포츠 스타로 성장해 있을 것이다. 행운을 빈다.